一瞬で！初対面で相手の心をつかむ法

斎藤茂太
saito shigeta

まえがき

人生というのはたった一度しかないものである。

ひとつの時間が過ぎ去ってしまえば、後にそれを繰り返すことも、修正することもできない。たった一度しかない人生のなかで、もっとも大切にしたいのが人との〝出会い〟である。初めて人に会うという機会は人生のなかで実に多く、そのうちのいくつかの出会いが、自分の人生の流れを決めてしまうということもあろう。

ある人物との出会いがなければ、その人の人生はまったくちがったものになったという例は少なくない。もちろん、良い意味でも、悪い意味ででもある。

人に会うチャンスを良い方向に活用できるかどうかのポイントは、〝初印象〟にかかっているといえるかもしれない。

自分自身の性格、信条、生活体験、夢などをいかに効果的に相手にアピールできるか、そして同時に、相手の性格、信条、生活体験、夢をいかに正確に把握できるかにかかっている。

何度か会い、時間をともに過ごすことによって、相互の理解が深まるのは事実である。

しかし、相手との対面を重ねたいという気持ちが生まれるかどうか、それは、初対面の印象によるところが大きいであろう。

茶道でいう「一期一会」という言葉も、実は一度の出会いがいかに大切かということを説いているのである。

中国船「耀華号《ヤオファ》」で香港からマニラまで、フィリピンの島々をめぐるクルーズをしたことがあった。「耀華号」は一万余トンの純客船で、フランス製、スウェーデンで内部改装された外洋客船である。

日本の「ヴィーヴル」という旅行会社がこの船を傭船して、このクルーズを企画したのである。私の母はかつて「リンドブラッド・エクスプローラー」という船でアルゼンチンを出帆して南極を訪れたことがあるが、この企画もヴィーヴル社がやったものである。

二人の船長以下二三〇人の船員はもちろん中国人だが、乗客サービスにはクルーズ・ディレクターとして三人の美女と一人の男性が乗っている。美女とはアンバーさん（オランダ系）、アミーさん（スウェーデン系）、それに毎朝甲板で行われるエアロビクスのインストラクターであるダイアナさん（アメリカ）の三人だ。それに、サロンで開かれるカクテル・パーティやダイニング・ルームの夕食でヴァイオリンを弾くアーウィンさんという老ヴァイオリニストがいた。

これらの人びとは、むろん、私にとっては初対面の人びとである。彼らは客商売であるから当然愛想が良くサービスにこれ努める。しかし、それはあくまで表面的なものので、もう一歩踏みこむためには何か別のものが必要であった。

アンバーさんは船上のプールや海で、シュノーケル教室を開く。聞けば彼女は映画「007」のボンド・ガールをやったことがあるという。ボンド好みの水着姿もなかなか美しい。映画でもシュノーケルをつけて海中を泳ぎまわったという。若く美しいが、何と二十九歳の長男以下四人の子供の母である。

ボンド・ガールといえば私の親しい女優浜美枝さんも一度やったことがある。話はそのへんから入っていかねばなるまい。航海の二日目、船長招待のカクテル・パーティがあり、美しいイブニング姿の彼女にやや接近できたのはそういう「人脈」からであった。

アミーさんは豊かな身体をもつ愛嬌のある美女だが、聞けば私の母が厄介になった「リンドブラッド」号のニールセン船長は彼女のご主人だった。私は母と南極の話を通じて彼女にアプローチし、夕食でスウェーデンのスピリッツ「アクアビット」をおごってもらうまでになった。

ヴァイオリニストのユージン・アーウィンさんは自宅がカリフォルニアのラホイアだった。ラホイアはサンディエゴの近く、海辺のリゾートで静かな住宅地である。加州大学分校や海洋学研究所がある。そこのスペイン風の「シーロッジ」という素朴な宿に泊ったことがあった。天皇陛下もこのホテルで昼食をとられたという。こういう話題からアーウィンさんとの心の垣根がとりのぞかれた。クルーズの最後の晩のフェアウエル・ディナーでは、彼は日本の「四季のうた」をうまく弾くまでになった。

この初対面の人たちとのふれあいは、たまたま私が幸運にも彼らと関連のある話題と経験があったからうまくいったまでであるが、初対面の人との交流を始めるためには頭のコンピュータをフルに働かして、少しでも彼らとつながりのあるデータを引き出さねばならない。

ここにはひとつのエピソードを登場させたが、この「コンピュータ」の操作の仕方には無数の組み合わせがある。そのなかから、日常的にぶつかる頻度の高いものをこれから書いていこうと思う。そして友人同士、上司と部下、親と子、兄弟、夫婦等々の対応の仕方についても考えていきたい。

斎藤茂太

1章 相手を上機嫌にさせる聞き上手の心得

２章 自分をグッと印象づけるこの秘訣

3章 手ごわい相手でも大丈夫、このテクニック

手ごわい相手の心をつかむケース別対応術

5章 異性をひきつける言葉の魔術

7章 人づき合いを長持ちさせるには

第1章

相手を上機嫌にさせる聞き上手の心得

こんな気くばりが周囲をなごませる

閉じこもった心をどう開かせるか？

私は、仕事柄、完全に心を閉ざしてしまって一言も口をきかない患者とつき合うことが多い。

この場合、「しゃべってください」といってみても始まらない。「あなたとお話ししましょう」とか、「私の質問にお答えなさい」とストレートにアプローチするのは、いちばん下手なやり方だ。これでは、相手は口を閉ざしてしまうばかりだ。

そのようなとき、本題とはまったく違った方向へ話題を転じることも悪くない。空を見たり、窓から見えるものについてしゃべったり、たまたま虫が飛びこんできたら、その虫を話題にしたりする。

人と対面して、どこか気づまりだったり、お互いに非常に緊張しているようなとき、もしそこに大きな地震がきたとする。あるいは、「火事だァ」という叫び声が聞こえてきたとする。

おそらく、あなたも相手の人も、一瞬ギクリとして、思わず腰を浮かすだろう。そして、地震も火事もたいしたことがなかったと分かったとき、顔を見合わせ、「いや、いや、どうも、ちょっと驚きましたな」などと、ちょっとテレながら笑うかもしれない。あるいは、それをきっかけに、それまでの重苦しい緊張感がとけ、リラックスした雰囲気で会話がすすむようになるに違いない。

そこで、相手の心を開かせるには、こうした突発的な状況を人工的に作ればいいのだ。リラックスできず心を開けないような状況から、相手を一瞬解放し、まったく別世界に連れていくことである。相手がそれに乗ってきたら、まず成功だ。これをきっかけとして、相手の心のなかに入っていくことはそうむずかしくはない。

つまり、人工的に現実逃避をさせればいい。アルコールが気分を楽しくさせ、対人関係を緊密にさせるわけは、現実から逃避し、別世界に遊べるからである。

〝シラケ鳥〟を飛ばさないために

大分前になるが〝シラケ鳥〟という言葉がはやった。会話が一瞬とぎれて、シーンとした気まずい空気になってしまう。そんな状況を〝シラケ鳥が飛んでいく〟と表現したものだったと思う。

初対面の相手としゃべっているときは、お互いに心のなかをさぐり合いながら会話をすすめているわけで、この〝シラケ鳥〟が飛び交うケースも多い。では、その一瞬の沈黙をどう打開したらいいか。

これは、相手の心を気まずい沈黙から別の世界に連れ出すことにより解決できる。

たとえば、そこにゴキブリでも出てきたら、「ア、また出てきた」などといいながら、ゴキブリの話をする。ゴキブリをみんなが食べられるようになれば、食糧問題も解決するようになるとか、それは西丸震哉さんが提唱していたことだとか、原始人の蛋白補給源は昆虫であったとか、いまも東南アジアのイナカへ行けば昆虫を炒めて食べているとか、そんな他愛ない話をしながら、相手の心を引き出すのだ。私も幼い頃、近所のガキ大将からトンボの油炒めを食べさせられたことがあるから、そんな話題にはこと欠かない。

それまで話していたこととはまったく無関係な事柄を話題にしたほうがいい。それには、気軽に話せるような話題をたくさん持っていることがいちばんだが、それがない場合は、無理して話題を探す必要はない。自分の過去一週間の体験でも、自然現象でも、とにかく支離滅裂な話でもかまわないのだ。手近なところに話題を転じながら、相手に興味を持たせ、だんだん共通の話題へと持ちこむようにするのだ。

こんな「日常会話」で雰囲気をなごませよう

「東京港区の高輪に、『ソニー』の国際会議場があるが、何という名前か知っていますか」

「いや知りません」

「鳥の名前なんですよ」

「そうですか」

「実は『かわせみ』という鳥の名がついているのですよ」

「？」

　これだけでは何のことか分からない。ちっとも面白くない。「かわせみ」といっても、せいぜいＮＨＫのドラマ、平岩弓枝さん原作の『御宿かわせみ』を思い出す程度だ。

ここまで相手をじらしておいて、最後にどかんと一発打ちこむのだ。

「『かわせみ』の別名は『そにどり』というんですよ。ソニーだから『ソニードリ』」

ここで、実にうまい名をつけたもんですなあ、と追討ちをかけ、ついでにそにどりとは「鴗」と書くというところまで説明すれば完ぺきだ。

ついでにちょっと悪《わる》のりして——

サントリーのウィスキーもこの頃、ずいぶん外国に輸出しているようですが、とくにサントリーしか飲まないという島があるのをご存じですか。

それはねえ、エーゲ海の「サントリーニ島」という小さい島ですよ（ほんとに、こういう名の島がある。ちゃんと地図に出ている。念のため）。

相手の話の腰を折ることは禁物

相手がこちらに対して警戒心を持っていたら、いかなる話題を提供してみても話ははずまないだろう。

まず相手の警戒心を解いて、リラックスさせることが第一段階だ。

人は、自分より優れた人間に対しては、どうしても身構えてしまうものだ。警戒心を抱かせないためには、こちらが下手に出て、相手より優越していないことをアピールするのが原則である。それには、相手をほめて気分良くさせること、意図的にミスをしてスキを見せることなどがあるが、聞き上手であることも忘れてはならない。

相手が何か話し始めたら、決して話の腰を折らないことだ。話の内容にちょっとした誤りがあったとしても、途中でそのミスを指摘しないほうがいい。

自分がトクトクとしてしゃべっているときに、話の大すじに関係のない言葉のまちがいや、数字のちがいなどを指摘されたらどうだろう。恥ずかしさと面目まるつぶれで、しゃべり続ける意欲をなくしてしまうだろう。めったなことはいえないと、警戒心を強めることにもなる。

自尊心を傷つけられることは、人間にとってもっともつらいことのひとつで、自尊心の傷つけがノイローゼの原因にもなるくらいである。あるいは、つまらないことをほじくり出されたと、うらみに思うかもしれない。

いずれにしても、初対面の相手のちょっとしたミスは聞き流したほうがいいといえる。

アナウンサーがまちがったことをしゃべれば、影響が大きいからすぐ訂正しなければばならないが、われわれの会話はまあそんな重要なものではないから、あまり目クジラ立てる必要はない。

また、共通の話題が見つかって話に興が乗ってきたとき、自分のほうが相手よりもその話について精通していたとしても、自分からベラベラしゃべってはならない。自分が得意な分野が話題にのぼれば、誰しも話のイニシアチブをとりたくなるものだ。

しかし、初対面の相手にこれをやると、せっかくほぐれてきた雰囲気をぶち壊してしまうこともあるので、十分に気をつけたい。

こんな気くばりがあなたの評価を高める

相手が外国旅行でこんなめずらしいものを見てきたと、得意そうにしゃべり出す。あなたも以前同じ場所に行って、同じものを見ている。そして、先方よりもっとたくさんのもの、あるいは、もっとめずらしいものを見ている。

だが、そのことを決して口に出してはならない。

せっかく相手が気分良く得意げに自分の経験をしゃべっているところに「ああ、そこなら私も行きましたけど」とやると、相手は決して愉快な気分ではないはずだ。親しくなれば、いずれあなたが同じ場所に行ったことも分かるのだから、初対面のときはひかえておこう。いかにも感心して聞いているフリをする、これもつき合いの気くばりのひとつである。

とくに、アルコールが入っているときは、アルコールの薬理作用で、精神的抑制、つまり心のブレーキがはずれ、ついついそういうことをやりがちだから、とくに気をつけるべきだ。

相手をもっと愉快にさせるこの秘訣

聞き役に徹してうまい相槌を打て

上手に会話を進行させるには、間のとり方を考えなければならない。

こちらが一方的にしゃべりすぎると、それに比例して相手が沈黙に傾くということになりかねない。また、相手が立て板に水の調子でしゃべると、こちらは口をさしはさむヒマがなく、対話というよりご意見拝聴という感じになってしまう。

会話は言葉のキャッチボールのようなもので、双方がタイミングよく言葉を投げたり、受け取ったりするとき初めて成立するものなのだ。

初対面の相手に対しては、どちらかといえば先方に話のイニシアチブをとらせるのが原則だから、自分一人がしゃべりまくるのは、まず論外である。できるだけ聞き役に回るように努めることだ。

ただし、先方がしゃべるのにまかせて黙っているだけでは、上手な聞き役とはいえない。相手の話の内容をしっかり受けとめて、適切な反応をすることを忘れてはならない。そのために大切なのが、相槌だ。

相手が調子に乗ってしゃべっているときには、あまり相槌をさしはさまないほうがいい。こちらが相手の話を聞いていることを示すのは、何も言葉だけではない。

ボディランゲージの指導者だった丸山浩路氏は、目を使って相槌を打つことをすすめていた。たとえば、今、あなたはとても感動的な話をしている。悲しいことを話している。そういうとき、相手の話に合わせて、深く目をつぶったり、じっと下を向いたり、相手の目を見つめたりしながら、こちらの感情を伝えることができるのだといっている。

また、相手が話につまったり、ちょっといいよどんだりしたりしたときは、「それでどうしました？」といった相槌をタイミングよくはさみ、上手に話の続きをうながしてみたらどうだろう。

ただし、催促するという雰囲気になっては相手に不快感を与えるから、あくまで、押しつけがましくやらない配慮がいる。

あるいは、それまで話してきたことの内容を要約してみる。少し前に出てきた話題をもう一度持ち出してみる。こうした方法で、話の間をうめるのも効果的である。

相手が一人でしゃべりまくり、本来の話題から話がどんどん離れていってしまうようなときは、どうすればいいか。

会議などで、こうしたケースによく出くわす。最初から時間が決められていて、もう残り時間が少ないというのに、一人でしゃべっている人がいるため、議事が進行しない——困った。こんな場合、「君、時間だからそのへんで」などとストレートにいうのは下手なやり方だ。それよりも、他の話題をパッと持ち出すのがよかろう。それによって、一人しゃべっている人はハッと気がつくかもしれない。

しゃべりすぎる相手に対しては、まったく別の話題を出すことが、ひとつのテクニックとして有効だろう。

「ついのせられる」聞き上手になる秘訣

家で飲んでも同じなのに、なぜ男性は、バーやクラブで飲みたがるのか、そのあたりがどうも解せない。多くの妻たちがそう思っているにちがいない。

世の男性たちがバーに行きたがる大きな理由のひとつが、ホステスやママの存在である。といっても、決して艶っぽい話ではない。彼女たちの話術にひかれて、男性たちはせっせとバーに通うのだ。

ベテランのホステスやママは概して聞き上手だ。自分がペラペラしゃべるのでなく、相手をたてて、気持ちよくしゃべらせる。そのテクニックのたくみさは、主婦たちの遠く及ぶところではない。聞き手のプロなのである。

先日、九州のある都市でバーに案内されたが、ここで「先生の今度出されたご本、読みました」などといわれた。これは悪い気はしない。私の著書のサワリの部分をそのホステスはちゃんと知っていた。

その日に私が来るなどと調べてから、あわてて本屋に走るというのは無理な話。いつ誰が来ても話のきっかけをつくれるように、常日頃から勉強しているわけだ。聞き上手になるには、本を読んだり、新聞をこまかく読んだりの努力が必要といえよう。

私が聞き上手だと感心している人は黒柳徹子さんだ。前述の丸山浩路氏も指摘していたが、彼女の場合、言葉の使い方がうまいだけでなく、ボディランゲージによるコミュニケーションを大いに活用している点に特長がある。

とくによく動く目やアクティブな身の乗り出し方、これによって相手との距離を密に縮めている。対談の相手は、感性豊かな彼女の反応に刺激され、気持ちよく会話をはずませることになるのだろう。

丸山氏は、黒柳さんの感性は天性のものだといっていたが、こうした感覚を少しでも身につけるよう努めたい。聞き上手は、その人の大きな財産だからである。

相手に優越感を持たせるようにしよう

相手がしゃべりにくそうにしているとき、何か口ごもっているとき、話を引き出すにはどうすればいいか。

しゃべりたくないという意識の底には、やはり劣等意識が存在しているものだ。うっかりこの話をするとバカにされるのではないか、上手に話が進められなくて失敗するのではないか、そんな不安感が相手を口ごもらせる。

そういう場合、あなたは下手に出て相手に優越感を持たせるようにする。

どんな話をしても、怒り出したり、バカにされたりすることはない人だと思わせる。少しぐらい話の持っていき方を間違えても、修正がきく相手だと安心させる。そうすれば、少し話しにくい話題でも、リラックスしてしゃべってくれるはずだ。

第2章

自分をグッと印象づけるこの秘訣

自分を印象づけるこの方法

相手のアウトラインをつかんでおいて話題を見つけよう

初対面の相手は、あなたのことを何も知らないわけで、いかなる人間といえども多かれ少なかれ緊張はしているはずだ。

話は果たして合うだろうか、相手からバカにされはしないか、という不安もあるだろう。

そこで相手と打ち解けるためにまず最初にすべきことは、相手に安心感を与えることだ。

先日、ある取材で、中国船で南シナ海、フィリピン群島のクルーズをした。乗客中にかつて女子大で教えた女性がいた。そして授業の初日に私が黒板に自分の名前を書いて、その下にローマ字でSHIGETAとMOTAと書いて、MOTAとよんではいけない、ことにMOTAを二度いってはいけないといったことを覚えているといった。その教え子はこのジョークをとくによく記憶していたのだ。

欧米人の場合はジョークなどでその場の雰囲気を解きほぐす。しかし、われわれ日本人は冗談になじんでいないこと、日本語がジョークにあまり合った言葉でないこと等の事情があり、初対面でいきなり冗談をいったりすると、なかには誤解して怒る人もいるかもしれない。

それではどうするか。相手の興味はどこにあるか、一体どんな人なのかをすばやく観察し、とりあえず共通の話題を見つけることだ。この能力にたけた人が社交家といわれるのだろうが、これはいうは易く、実際はなかなかむずかしい。

こんなとき、事前に相手がどんな立場の人か、家族はどうか、何に興味を持っているかなどのアウトラインをつかんでおくと話に入りやすく、スムーズに会話がはこびやすい。

たとえば飛行機の話になったとしよう。「私はあのコンコルドに乗ったことがあるんですよ」と得々としてうれしそうにしゃべっている相手に対して、「それはすばらしかったですね。いかがでしたか？」と興味を示してみせる。たとえ、自分がすでに乗った経験があっても、それを最初からいってはならない。相手の自尊心を傷つける。

場がしらける。

初対面の人に対しては、まず自分を相手よりちょっと低いところに置いて、相手のプライドを傷つけないようにしながら、話を合わせていくのだ。これで相手はすっかり安心して、気持ちよく会話がはずんでいくことになる。

相手の話は感心して聞こう

初対面の人に好印象を持たれ、親近感を持たれるのはどういう人か。反発を受けるのはどういう人か。

人と会って、「この人は良い人」「自分に合う人」というふうに感じるまでには、急速に頭のコンピュータが働いていて、自分と比較しているのだと思う。そして、相手が自分より優れていると思うと、拒否反応が出る。一緒にいて劣等感が生じ、したがって安心感がないわけだ。

世間話をしていたとしよう。

あれ、この人は野球が好きなのかと感じられたら、野球の話を、バーで飲むのが好きなようだったらバーの話を提供する。何をしゃべるのかによって、人間のレベルが分かるわけで、こいつも自分と同じ程度の人間だと思わせれば相手に安心感を与えることができる。そして、二人はぐんと親しみが増すのだ。

だから、初対面の人間に対して、原子核融合とかノーベル物理学賞の研究テーマといったむずかしい話はまず禁物。相手はおそれをなして逃げていってしまうだろう。共通の話題としては、スポーツとか、旅行とか、食べ物、趣味等、ごく気軽なレベルの話を選ぶようにしたい。

しかも、その話題に関して、相手のほうが一枚上と思わせるように、感心して聞く演技をする。上手に人間関係を発展させるには、自分が役者になることも必要なのである。つまり、演技力を持てということである。

〝同病相憐れむ〟という言葉があるが、相手に悩みがあった場合に、自分も同じ悩みを持っているということを相手に打ちあけることも相手に親近感を抱かせるひとつのポイントになる。

たとえば不眠症の人が相談に来た場合、実は私も似たような状況なのだという。昨晩私もよく眠れなかったから、今は診察なんかしないで横になりたいぐらいだといってみる。それで患者は安心して、心理的にグッとこちらに近づいてくるものだ。

相手に安心感を与えることの基本は、こいつは自分と同じレベルの人間、あるいは自分よりちょっと下だな、と思わせることにある。その意味からすれば、自分の失敗談などを話すのもよいだろう。えらい、ミスをやっちゃいましてネ、などとこちらの手の内をさらけ出す。

こちらが完全無欠、オールマイティーな人間だと思わせないことだ。

自己顕示欲の強い人にはなかなかこれができない。弱みを見せまいと格好ばかりつけていると、何か隠しているのではないかと相手に警戒されることになる。上手に自分をピエロに仕立て上げ、先方のふところにとびこむことを覚えてほしい。

ただし、失敗談をあまり前面に押し出すと、相手が上司など上の立場の人だった場合、こいつはこの程度の人間かと思われることもあるから注意が必要だ。あくまで、「ほどほどに」ということだ。

「負けた」と見せて安心感を与えよう

顔や姿かたち、あるいは能力など、あらゆる面を比較して、自分より相手のほうが優れているのではないかと感じたとき、その人は相手を拒否し、相手から逃避しようとする。一刻も早くその人から離れたいと思う。

これは動物とても同じことだ。野生の動物が出くわしたときには、お互いに目と目をじっと見あわせて、相手の能力を観察する。

力は強そうか、敏捷そうか、頭は良さそうか。あらゆる点で、自分と相手を見くらべて、「負けた」と思うほうが、スゴスゴと立ち去っていく。自分のテリトリーがおかされたり、あるいは自分のファミリーに危害が加えられたりしない限り、無意味な争いはしない。

逆に相手に安心感を与えるのは、広い意味で、自分より〝偉くない人〟だ。自分よりちょっと下で、自分が相手を支配できそうな人である。

その点、人間は非常に功利的にできているものだと思う。男女の相性にしても、この女性なら妻にしてもいいと思うのは、やはり自分と比較してそれほど偉くない人だ。自分がなんとか「支配」できそうな、少なくとも自分の行動に反対しそうもない人だ。

一般論として、こいつにはとてもかなわないと思うと、その仲はしだいに離れていく。だから初対面で好ましいと思われる人は、自分より必ず「下」と思われる人。しかも自分の努力で相手を、広い意味で支配できそうな人ということだ。自分の思う通りになりそうな人には安心してアプローチできる。人間、そういう人には安心して接近していく。

一歩さがって優越感を持たせよう

サラリーマンの場合、課長の下に、どこかから転勤して新しい部下が来たようなとき、課長が支配できそうな人は必ず可愛がられる。

その逆だと課長にグッとニラまれて、何かにつけいじめられる。あるいはそっけなくされたり、冷たくされたり、無視されたりする。そういうのは、課長の心のなかで、「こいつには、ちょっとかなわないぞ」という心理が働いているからだ。「けむたがる」というのはそういう人を指すのだろう。

もういちど、動物の世界、弱肉強食の世界に目を向けてみよう。

サイなどの大きな動物の背中に、小鳥が乗って非常に仲良くつき合っている。一緒に移動して、ときどきサイの大きくあけた口のなかで、歯のそうじなどをしている。

これは、サイにとってみれば、まったく恐くない存在だから、仲良く共存できるのだ。鳥のほうもサイと一緒にいれば外敵から襲われる心配がない。だからうまくつき合っていける。

しかし、両方がほぼ対等で、どちらかが優れているとか、相手を支配してやろうとか、相手に支配されそうだと思ったら、闘争はあっても、共存はありえない。

国家と国家の関係も、それとちっとも変わりない。ほぼ対等の国が国境を接していると、何世紀にもわたって、闘争の連続だ。フランス人と、ゲルマン民族がそのいい例で、まったく闘争の歴史である。

人と人、動物も含めて生物というのは非常に功利的である。自己保存の本能はきわめて強い。

そのように、人間は決してお上品な生物ではないことを前提にしてものを考えねばならぬ。

人間、生きるためにはどうしても、相手にのみこまれ、圧倒されては困る。したがって、支配できそうな人と仲良くなるというのは、生きるために当然のことである。

人に親近感を持たれるためのポイントはここにある。現実はともかく、一歩さがって相手に優越感を持たせてやればいいのだ。

「被害者意識をもっている人」には注意すべし

今、課長ににらまれやすい社員の話をしたが、なかには性格的に、あらゆることに、自分を被害者の立場に仕立てる人がいるということも頭にいれておくべきだ。

ときにエスカレートして、被害者意識が被害妄想に発展することもあるし、全体的に見れば神経症の病状を呈する。性格が中心になって発生するので、性格神経症という病名が適当であることもある。

B君は入社四年のサラリーマンである。彼の訴えの中心は対人恐怖、視線恐怖（他人の視線が恐い）だが、薬物療法、精神療法で何とか不安をおさえながら出社を続けている。

何回かインタビューを続けているうちに、彼は社内で自分の周囲にいる人に対し、かなりの敵意を抱いていることが分かってきた。なかには、この程度なら起こりうるというものもあり、また、常識的にどう考えても、そんなことはあり得ないと思われるものもある。

「支店長へいく自分の報告を、課長がわざと自分のところでとめておくので、支店長から叱責された。課長の命令を受けた寮の寮長がイヤガラセをする。寮長がトイレでわざと自分にガツンとぶつかってきて、そのあとさっと身構えをする。

べつの部屋から書類を入れた箱を持って、自分の机に置いたとたん課長がさっと立ち上がって、私におおいかぶさるようにのしかかり、私のえり首をつかんでこづきまわすのです。そして、お前はなんで俺のいうとおりにしないのかと大ぜいの社員が見ている前で叱るのです。

課長は私がときどき遅刻するので、心憎く思っているのです。また私がよく口ごたえするので生意気だと思っているのです。

こんなひどい上司のもとでは私はもとよりみんなも苦しむから、県の労働相談所へ訴え出てやろうと思っています。

いよいよ、会社の環境が悪くなる一方です。近頃は、課長の命を受けて、女子社員までが私にイジワルをするようになりました。」

――このようなことを訴える社員もいる。これがどこまで本当で、どこから妄想なのかがよく分からないが、とにかく物事を偏って一方からしか見ない人がこの世にいることは事実である。

ワンサイド・ミラーという鏡がある。主として子供の生態を隣室から観察することに使われる鏡で、こちらからは子供は見えるが、子供からこちらは見えない。

自分のやっていることはすべて正しくて、自分あるいは自分サイド以外の者はすべて悪であり、不正だと決めつける人間やグループを私は「ワンサイド・ミラー人間」と名づける。

「木を見て森を見ず」という諺があるが、そういう連中にぴったりの言葉ではある。

相手を自分のペースに巻きこむ法

ちょっといい気持ちにさせてくれるあいさつの言葉

日本人の初対面のあいさつの主たるものは「こんにちは」とか「はじめまして」だろう。これに対して、英語では「アイム・グラッド・トゥ・ミート・ユー」つまり「あなたにお目にかかれて大変うれしい」などという。会ってうれしいという自分の喜びの感情を表現している。

あいさつの言葉そのものにも表れているように、私たち日本人は、他人と会ったときに自分の気持ちをうまく表現すること、自分自身をアピールすることがあまりうまくない。しかし、最初に人と会って交わすあいさつの言葉は、相手に与える印象を決定づける重要なものである。あだやおろそかにしてはいけないのだ。

日本語にはあまりあいさつのバリエーションはないが、それでもときどき、ちょっといい気持ちにさせてくれる言葉に出会うことがある。そのひとつが「お元気そうですね」だ。

これはすでに顔見知りの場合にしか使えないだろうが、相手の気分を良くする心づかいが感じられてなかなかいいものだ。

肥りを気にしている相手には「ちょっと顔がしまりましたね」とでもいえば、相手は悪い気がしないだろう。これは「肥満恐怖症」の私の体験でもある。

初対面の相手に対しても、相手を喜ばせるようなあいさつは工夫しだいではいくらもできるはずである。

「こんにちは」や「初めまして」の後に、自分の感情のこもった言葉で、相手の外見とか印象をほめてみる。あるいは、会えるのをどれだけ楽しみにしてきたか、実際に会えてどれだけうれしいかを率直に伝える。その一言が、あなたを強く相手に印象づける。

私は女優の吉行和子さんの大のファンであり、よき友人を自負している。吉行さんは、ファースト・インプレッションは、最初のあいさつの後で何をいうかによって違ってくるのだといっている。

決められた言葉であいさつし、一息ついたときに出る言葉が、その場でその人の内面から生まれたものであるかどうか。それが感じられたときに、この人だったら心のなかに入りこめると、好印象を持つのだという。

通り一遍でない心のこもったあいさつ。それは言葉以外にもたくさんある。うつ向いたり、横を向いていたりでは、あなたの心が伝わるはずはない。じっと相手の目を見つめて——といってもにらみつけてはまずいが——あいさつをすれば、より友好的なコミュニケーションができるはずだ。なにしろ「目は口ほどに物をいい」だからである。

前出の丸山浩路氏は、体の動きや表情、言葉の響きもまた、自分の気持ちを伝えるものとして、その重要性を説いている。たとえば手話の「好き」という仕草は、どうしても顔が「好き」という表情にならないと生きてこないという。当然だろう。

同様に、「お会いできて本当にうれしい」と口でいうときも、うれしさを顔や体で表現してこそ、その言葉が生き生きとした真実味を帯びてくるはずだ。

さらに、言葉に暖かな響きを持たせるのも大切だと丸山氏はいっている。うれしいときにうれしさを、ありがとうというときにはありがとうという響きを持たせるのと、単に単語を平坦に並べるのとでは、受ける印象がまったく違ってくる。儀礼的になるか、感情が伝わるかは言葉の響きに大きく左右されるそうである。

この感覚を身につけるには、それなりの訓練が必要と思うが、情感を表現する感性を磨く努力にトライしたいものだ。

思わず顔がほころぶ話題の秘密

私の体験で恐縮だが、非常に親しくしていた友人と、初対面で親しくなったきっかけは、彼の名前の読み方だった。

この友人は相場《あいば》均《ひとし》という心理学者で、早稲田の教授であった。

彼が三十数年前のこと、慶応の精神科に勉強にきたときが私との最初の出会いだった。私は教授から彼の名前を聞いて知っていたが、まず「あなたのお名前は何と発音するのですか。ソウジョウキンですか」といってやった。もちろんジョークのつもりである。中国人と間違えられたと、相手はびっくりしただろう。しかし、この一言がきいて、私と彼とはずっと親しくつき合うようになった。彼が亡くなったあとも、夫人の女優高田敏江さんは家族ぐるみのつき合いをしているし、彼女の芝居は欠かさずに見ている。

初対面の人の名前や自分の名前も、それが話題となりうるものであれば、相手と打ち解けるきっかけとして活用してみる価値は充分にあるのである。

この場合、ジョークもときに忘れるべきではない。ただし、頭をひねらなければ分からないジョーク、すぐには分からないジョークは初対面の相手に対しては避けたほうがいい。むずかしいジョークを発して、相手がなかなか分からないのに快哉を叫ぶというたぐいのそれは、うんと仲良くなってからの話だ。

先日仕事で南米のベネズエラのカラカスに行った人に会った。

「どうですか、暑かったですか。ラテン系の人は時間的にだらしないですね。会合も時間通りに始まりませんですね。開会時間にきちんと行ったら誰一人乗ていなかった、なんていうこともよくありますね。それから、パリから飛んでいたコンコルドが就航をやめたそうですね、客が少なくて」

こんなややおかたい話をしていても、なかなか双方が互いにとけこめず、心がなごまなかった。

「ベネズエラの通貨は何という名前でしたっけ」と私。「ああボリバーですよ」と彼。

私はそこでとっさに次の言葉がでた。

「カラカスのバーは高いですね。ずいぶんボリますね。なにしろ『ボリバー』ですからな」

彼はワッハッハと笑い出し、私は「いまのは四〇点ぐらいですかな」とつけ加えて、のりすぎたかなと思った。

だが、このちょっとしたジョークが、ややかたかった二人の間を近づけたことは間違いないと信じる。

グッと身を乗り出させる話の切り出し方

たとえばある企画を取引先に持ちこもうとした場合、はなから内容をベラベラしゃべってしまうのは、得策でないかもしれない。

交渉ごととなると、相手は無駄な金や労力を払いたくないという警戒心があるから、最初は構えてかかってくる。そのかたさを軟化させるためには、自分の話がいったい何なのか、相手に興味を持たせ、こちらのペースに引きこむテクニックを必要とする。

何か「平凡でないこと」があるのではないか、何だろう、何が出てくるのだろうと少し気をもませ、あとでパッと幕を開いて相手を驚かせる。話の目的から少し離れた話題、あるいは突然の結論から入っていくという方法の応用である。

先日、厚生大臣に交渉ごとがあり面会をしたが、私はその席でいきなり「社会不安、社会パニックが起こりますよ」と切り出した。

大臣とは全然知らない仲ではないし、どうせ斎藤がやってくるとすれば精神科の話に決まっているだろうと、大臣は思っているにちがいない。これが他の人だったら何ごとぞとびっくりしたと思う。

社会不安うんぬんは、私の話の結論であって、そこから突然話を切り出したのだから、普通なら相手は面食らうのが当然だ。「こいつは何をいおうとしているのだ！」とまず驚かせ、相手の興味を引く作戦をとったわけだ。この作戦が効を奏したかどうかは、もう少し時間がたたないと分からない。しかし、ある線までの効果はあった。

もっとも、話の主題を大事にしすぎて、いつまでもしまっておいてなかなか出さないのも、また問題だ。

さんざんもったいぶったあげく、イザ出したら「なーんだ、大したことないじゃないか」こう思わせたら、かえって逆効果である。タイミングを見計らって、ということになろう。

いずれにしても、自分をアピールすること、他より少し目立つこと、そして相手の心をつかんでしまうことが、交渉事を成功させるひとつのキーポイントである。

相手をいい気分にさせれば九割は成功

もうひとつの大事な点は、やはり、相手のプライドを満足させる点にあるだろう。とくにセールスマンの場合、これはぜったいに忘れてはならないことだ。

百科事典の売り込みにしても、すばらしい商品であるとアピールすると同時に、あなたさまはこの百科事典を持つにふさわしい方だ、あなたさまだからこそ使いこなせるという風に相手を持ち上げ、いい気分にさせる。つまり抽象的にいうと、警戒心を解かせるということになるだろう。

ついこの間、私のところにある団体から理事になってほしいとの依頼があった。その団体について十分な知識がないので返事に迷った。しかし、結局信頼できる親しい友人が参加していることが分かったので疑問も氷解し、承諾してもいいという気になったというわけである。

このように、交渉事の場合、相手が一目おいている人を通じて、あるいはその人の名前を出して依頼するのも効果的だ。

商品のセールスにおいても、「どこの何さまも使っていらっしゃる」と少し偉い人を引き合いに出し、相手の立場をそのレベルまで引き上げてみせるテクニックが大事である。

しかし、この人脈が悪用されることもあるから注意しなければならない。

ある人が、私や弟が発起人になっているからと、安心してこうさせていただきましたといってきたので驚いたことがある。私は発起人を承諾したおぼえはまったくないし、弟に電話で確かめたが彼もまったく知らないという。勝手に名前を使われたのであった。

いつしかも、大阪のある旅館から電話がかかって宿泊代を請求された。「私」が一週間ほど滞在して、あとで払うといって出て行ったのだそうだ。むろん私はその旅館もまったく知らないし、泊ったおぼえもないのだ。

忙しすぎるときは影武者がほしいときもあるが、こういう影武者はごめんをこうむりたい。

じらしながら相手の気をひくこのテクニック

前に、結論をいきなりばあんとぶつけて、相手を驚かせ、しかる後にじっくりとその説明をするというやり方を書いたが、しつこくもうひとつの話を。

リグレーという男はケシカランやつですね、と私。リグレーという人物はいわずと知れたチューインガム王の名前だ。もし相手が何のことか分からないという顔をしたら、そこでリグレーという人物の説明をしておく必要がある。

さて、リグレーがなぜケシカラン男かという説明に入る。しかし、すぐ、ダイレクトに結論を出さずに、なるべく持ってまわった喋り方をして相手をじらしたほうがいい。

私は仕事でアメリカのある空港に着いた。その日の朝、別の空港を発って、途中一カ所の空港で乗りかえた。手にはバッグを一コぶら下げている。

トイレに行ったときバッグを床に置いた。待合室で休んでいるときも床に置いた。スナックバーでコーヒーを飲んだときも床に置いた。機内に入ってからは足もとの床にバッグを置いた。機内ではバーボンの水割りを飲んだ。値段はこれこれで、カナダの会社のよりいくらか高かった（こんな話はよけいなことだが、話をのばすために使った)。

そして、くだんの空港に着いて、ターミナルの外に出たら温度標示計になんと一〇〇度(華氏だ)と出ていた。

今年のアメリカはたいへんな暑さでしたよ。干ばつで農作物のできが悪く、大豆の生産もうんと落ちたそうですから、大量に輸入している日本には大いに影響があるだろうと思っていたら、果たせるかな、近頃トーフの値段が上がってきましたね。さて、ターミナル前からエアラインズ・バスに乗ったんですよ。そして床に置いたバッグから何かを取り出そうと思ってヒザにのせて、それを取り出して、再びバッグを床に置こうとしてヒザから持ち上げたんです。そうしたらバッグの底とヒザの間が何か白い線で結ばれたんですよ。

驚いて、よく見たら、何とそれがチューインガムのゴムがのびたものだったんですよ。つまり、バッグの底にチューインガムがくっついていて、バッグをヒザに置いたためにズボンにもガムがくっついてしまったというわけなんです。

ところでガムというのは実にとれないものですね。バスの中で、すぐハンカチでふいた。まったくダメ。ティッシュペーパーでふいたらかえってペーパーがガムにくっついてしまってさらにダメ。

宿に着いてタオルを熱湯にひたして懸命に拭いたがまったくダメ。あれやこれやっているうちに、くっついたガムはいよいよみにくい姿に変貌して、黒ずんでしまった。

あとで写真をみるとズボンにはっきりと黒い点がみえたんですから相当のものですよ。

日本にもどってさっそくクリーニングに出したが、クリーニングの専門家もお手上げで、かなりとれはしたが、それ以上やると生地を痛める恐れがあるから、この程度でカンベンして下さいといってきた。

僕はその服が好きだったので、それをつくった洋服屋に行って同じ生地のズボンをもう一着注文しようと思い、いろいろ探してもらったが、もうその生地は無いことが分かってガッカリした。

とにかく「大損害」を受けたわけですが、その犯人は、こんなヘンな物体を発明したリグレーという男じゃないですか。要するにケシカランやつですよ、リグレーは。

それにしても、このエレクトロニクス、原子力の時代というのに、ズボンについたガムひとつ除去できないとは何ということでしょうね。人類の知恵も大したもんじゃないですね。

ざっと右のごとき次第だが、これは会話だけでなく文章にも、とくに随筆などにもあてはまることだ。

この頃は自動販売機だらけで、何でも出て来ますな。そのうちにお金を入れると子供が出てくる時代が来ますな。とにかくジドウ（児童）ハンバイキというくらいですからね、と今、テレビで漫才がしゃべっていた。

リラックスさせておいてから、思いがけない展開に持ちこむ

これまでいろいろと書いてきたように、人と親しくなる基本は相手に安心感を与えることである。

まず、相手を見て、前置きの会話があって、共通の話題に入り、相手にちょっと優越感を与えてリラックスさせる。これは自分より「下」だと思うと、相手は安心してあなたの提供しているレベルまで下がってくる。つまりあなたの作ったペースに乗ってくるということだ。

そして、次のステップで、思いがけない展開に持ちこむことができれば、しめたものである。

思いがけない展開とは、相手におやと思わせるような話し方をすることだ。あるトピックスに関して、主題からちょっと離れた話題とか、あるいはまたそのトピックスの結論などを、何の説明もなしにポンと提示する。相手が、何のことやら分からずにポカンとしていたら、おもむろに内容を説明すればいいのだ。

これで、相手はあなたの話に興味津々となり、あなたが何をいい出すのだろうと身を乗り出してくることになる。

先日、私はあるラジオ番組で、今度出席したアメリカの精神衛生会議について話をした。

このとき、私は、まず最初に、近頃のアメリカ人のステイタスシンボルは、精神科の医者と仲良くすること、そしてスシ・バーでスシを食べることのふたつだ、という話をした。

話はまずいきなりスシから始めた。スシ・バーは比較的高くて、昼食でも一人三十ドル近くとられる。一～二ドルで昼をすませている一般アメリカ人にとってはこれはたしかに高い。余裕のある人しか行かれない。精神科医にかかるのもかなりの金がいるし、また立派に精神的健康管理をやっているという得意さがある。だから、このふたつはアメリカ人にとってあこがれの的なんだ、というふうな話を最初にポンとしゃべった。

実は、私がここで話題にしたかったのは、アメリカの精神医学会の現状だった。カーター元大統領夫人を始め、ジョンソン、フォードなど歴代の大統領夫人が全員、今度の会議の組織員で特別後援者となっており、会議に参加していた。政界や財界のトップレディたちが、精神衛生に深い関心を寄せているという状況は、われわれにとって非常にうらやましい限りだ――という内容であった。

しかし、いきなり本題に入ると内容がかたく、いかにも私が話しそうな話題ということになってしまう。そこで、まず寿司の話から入ったのだ。

後日、ラジオを聞いていた人たちから、初めは何だろうと思って話に乗せられてしまった、といわれた。

わが意を得たりであった。

《私の初対面術》① 淀川長治

〝嫌いな奴に今まで会ったことがねェ〟

私は、「いまだかつて嫌いな人に会ったことがない」という信条を持っています。

十六歳のときにある映画を見たら、映画のなかで、〝I never met a man I didn't like〟という台詞があったんです。これを解説者が「俺はなあ、嫌いな奴に今まで会ったことがねェ」といったんですね。

私はそれに大変感激して、そんな人生をめざせたらどんなにいいだろうと思いました。ひとつそういう風な幸せにありつきたいな、と思ったんです。

それ以来、「嫌いな人に会ったことがない」というのが私の信条になったわけです。

落ち度のない人間なんてまずいませんから、第一印象が悪くても、その人を悪い人と決めつけるのはとてもいけないことだと思います。

私自身の経験からいっても、最初に感じの悪い人だと思っても、十分もしゃべっていると、思わぬいいところが出てくる。

こんな例はたくさんありました。だか

ら、私は人を信用する癖をつけているのです。

人にだまされたり、人に悪口をいわれる人は、自分が相手を知ろうとしない、相手を愛せないという人です。

人間って、敏感なものです。その人を好きになったら、相手もいっぺんに好きになってくれますし、逆に、相手を嫌な奴だと思うと、必ずそれは向こうにも分かるんですね。

私は、人間は根本的には善人だと思っています。だから、とても嫌なことをいうような人を、かえって私は好きになってしまう。どうも、私は人に惚れる癖があるんです。

こうすれば誰でも好きになれる！

初対面の人とお話をするとき、私はその人の顔を見てしゃべります。横を向いてしゃべると、その人の表情も分からないし、その人がどんな人間か分からない。そして、自分本位にしゃべってしまうことになるんですね。

これは、自分のほうが偉いという無意識の意識があるからです。いちばんいけないことではないでしょうか。

会話をするときに、相手の顔を見てしゃべるのは、こちらに、相手にすがるという気があるからです。この人から私はどんなものを得られるのだろうか。初対面では分からない何かを知らないうちに求めているのです。

そうしたとき、私は、相手の人を好きになります。その人の顔を見てしゃべり、その人に近づいていくんです。そして、私が持っていない何かをもっていらっしゃるかもしれないと考えるんですね。

平たくいえば、尊敬心ですね。尊敬心なんて固苦しいものは、本当は初対面で持てるものではないけれど、心のどこかにそうした気持ちを持って、相手に会っていると思います。

結局つきつめたら、愛ということでしょうか。非常に気障ないい方だけれど、愛すること、人を好きになること、それが私の人間関係の基本ですね。


これをもうひとついいかえると、人を「なめる」ということです。なめるといっても、バカにするのではありません。その反対で、非常に人間くさい部分でその人をとらえようとすることなんです。

たとえば、この人と一緒におふろに入ってやろうとか、奥さんはどんな人だろうとか、子どもさんは何人だろう、とかね。

女の人が「子どもは二人」といったら、その人が子どもを産むときのお腹の大きい姿なんかを想像するんです。たとえこわい顔をしていても、大きなおなかをかかえてどんな格好していたのかまで考えると、人間て、なんて可愛いものなんだろう、なんて無邪気なもんだろうと思うようになります。

これは、人をなめているんですね。でも、そのなめ方は、人をバカにしているんじゃない、愛していることなんです。「接吻」しているわけです。

私は、こんな風に人と会っています。

だから、たとえば、相手が失礼なことをしたとき、非常に冷たいとき、それに腹を立てることはないですね。最初は怒っていましたよ。ところが、ある時期から腹が立たなくなった。

なぜかというと、その人が失礼なことを失礼だと思っていないと気づいたからです。意識的に私を怒らせようとする場合は別ですが、無意識に私を怒らすようなことをいったり、失礼なことをするときは、相手はそれを知らないんですよ。

そういう人にこちらがレベルを合わせて腹を立てていたらダメ。一段上に立ったほうがいいですね。

この人は気がきかないなあ、どうしてこんなに気がきかないのだろう。おそらく、お父さんもお母さんも何も教えなかったんだなあ。気の毒だなあ。かわいそうだなあ。これから先どんなに苦労するだろう。こう思うのです。

で、一瞬こう考えてから相手の顔を見ると、微笑したくなるぐらいの顔に見えてきます。冷たい態度で私を見て笑っている顔が、冷笑でなくて、なんだか暖かみのある笑い方をしていると思えるんですね。

そして、自分がそう思っていると、それは相手にも伝わる。人間の間の感情伝達は、非常に敏感で電気みたいなところがありますね。

そうした意味で、私は初対面の人と会うときの自分の気持ちの持ち方を、非常に大事にしています。つまり、人と会うのが楽しみでドキドキする、という風に訓練しているのです。そして、自分の立場に立たないで、その人の身になるようにします。

これまでずっとそんな風にしてきたので、私は人と会ったとき相手に好印象を与えようと努めなくても、自分の性格として自然にふるまえるようになったと思っています。

出会いを芸術的にする秘訣

これまで、初めて人と会って大変に印象的だった例を、ひとつふたつご紹介しましょう。

私がアメリカに行って、初めて撮影所を訪問したときに、偉いスターに会ったんですね。胸がドキドキで、出かけて行ったら、今撮影中ですといわれて、スタジオのすみで待つことになりました。

そのスターは、ジューン・アリスンという人ですけれど、本番中でライトをあてて写真を撮っている。そのワンシーンが終わって、五分間休憩というときに、彼女が私を捜してくれたんですね。スタジオのなかにいる日本人をね。そして、私と目があったら〝ハロー、ハロー、ミスター・ヨドガワ〟といったんです。初対面なのに名前までを。びっくりしましたね。

この人は、その日の三時にヨドガワという日本人が来ることをちゃんと聞いていて、それだけの用意をしていたんですね。これは立派だと思いました。

かりに、今日、日本人のインタビュアーが来るよ。そう、待たせときなさい。名前も聞かないで待たせとけ、というような考え方をしていたら、こうはいかないでしょう。訪ねて来る以上はウェルカムしてやろうという気持ちがいっぺんに分かりましたね。

ああ、これはいいなあ、向こうでは、初めての出会いを芸術的にするすべを知っているのだな、と思いました。

これはスターだけじゃなくて、撮影所のセクレタリーにも感じました。

私は、その女性にちいちゃな花を持っていったのですが、彼女は〝ありがとう〟というだけじゃなく、「サンキュー、あなたは私にストーリーをくれました」とおじぎをしたんですね。

ストーリーをくれたというのは、今日

初めてみえた日本人の訪問者にこの花をもらったということを、私は友だちや家族に話すことができる。こんな嬉しいことはない——こんな意味のことを簡単にいうわけです。

初対面の相手にこれだけの言葉を持っているんですね。それは、やはり偉いと思います。

“惚れっぽい”は初対面攻略の鍵

初対面のときに、何も言葉を持たない人は損ですね。「まあ、雨のなかをよく来ましたね」あるいは「初めてお会いしましたけれど、いいお顔の色ですね」とか、何でもいいんですが、言葉を持っていると得だと思います。

日本人の場合、どちらもが照れて、最初の五、六分は何となくぎこちないでしょう。あれは、自分が相手に打ちこんでいかないからです。

自分から惚れこんだらいいんです。この人の体重はどのくらいだろう、きっと何キロぐらいかなと考えてみるんですね。いろいろな意味で、このぐらいの人なんだろうなと想像をめぐらせることで、親しみが持てるんです。

肉体的な面にしろ、パーソナリティにしろ、何かそうした親しみを持てたら、初対面の人でも何の気がねもいらないですね。

私は、アメリカで第一級の監督やプロデューサーに会うときも、ちっともこわいとは感じません。なぜかというと、私は映画の人間、映画界の偉い人を同じ仲間だと思っていますから、少しもこわくない。

映画が嫌いならこわいでしょう。嫌いでなかったらこわくない。そんな風に思っていますから、とくに映画人との初対面の印象はいつもいいですね。

全然知らない人、たとえば農村のおじさんに会っても、私にとっては同じ。このおじさんに、あんた映画見ますかと聞いて、わしゃ映画なんか行かんなあ、なんて返事が返ってきたら、なんてかわいそうだろと思ってね。テレビでは見るでしょ。たまにじゃなくて、毎週見なさいよ、なんて風にしゃべって、すぐ仲良くなってしまうんです。

私は、惚れっぽいのか、すぐ人を好きになる。それが、とても初対面を良くしていますね。だから、歌舞伎の松本幸四郎に会っても、マリリン・モンローに会っても、ジョン・フォード監督に会っても、みんな同じことですね。

アメリカ人は、こちらの態度ですぐ分かってくれ、愛情を持って接するとすぐ打ち解けてくるので、チャップリンであろうと、誰であろうと少しも気おくれしないですみましたが、日本の人は、初対面のときにちょっと顔をそむけてしゃべるようなところがありますね。私がこちらを向いてくださいといっているのにね。

よく道を歩いているとき、可愛い猫や犬がチョコチョコ通ったりすると、みんな、イラッシャイ、イラッシャイというでしょう。なぜ人間にはいわないのか、ということですよ。

犬や猫にはあんなに愛情を持ってる。その同じ人間が、ホテルですれ違っても挨拶もしませんでしょう。あれはいけないことだと思います。人間にだって、あのペットと同じくらいの愛情で接したらいいのに。

知らないお方にも、今日どこからみえたの、と、おせっかいかもしれないけれど、そのくらいの会話を交わしたほうがいいのではないでしょうか。

私は、映画を通じてそういう風な育ち方をしましたし、そんな風に生きています。

そして、嫌な腹芸をせず、気がねもありませんから、健康でいられるのだと思っています。

もっと気軽に挨拶しよう

まったく知らない人間同士のふれあいに関しても、西洋人は私たち日本人より一枚上手《うわて》ですね。

ハリウッドでもロサンゼルスでも、ホ

テルに泊まってロビーに出ると、当り前のことながら、西洋人と顔を合わすんですね。そして、彼らの顔を見るんです。

すると、みんな、まあ！　こんにちわ！みたいな顔をする。誰も、なんだ、この日本人野郎という表情は見せませんし、顔をそらしたりもしません。

で、まあ！　につられて、私は思わず〝グッド・モーニング〟とかいいます。ところが、まわりの人たちは〝グッド・モーニング。いいお天気ですね〟とあいさつを交しているんですね。こちらのおはように対して、いいお天気ですね、だけ言葉が多い。こっちの負けです。


日本で帝国ホテルで日本人同士が会っても、そんな挨拶はしませんでしょう。知らない日本人に、おはようなんていったら変な顔をされるのがオチです。

人と会うときは、それが何か用事がある場合でも、ただすれ違うだけの場合でも、ともかく相手を好きになること。その人の顔を見ながらしゃべること。

そして、人間はみんな根は良い人ばかりなのだから、嫌だと思ってはいけないんです。自分が相手に愛情を抱けば、きっと向こうもそれを感じてくれるはずです。

第3章

手ごわい相手でも大丈夫、このテクニック

下手でもかまわない

気おくれと不安は誰でも感じるもの

初対面の人と会うと思っただけで不安、恐怖におそわれ、そして相手を目の前にすると、心臓がドキドキして、うまくしゃべれない。

話そうと思っていたことを忘れてしまう。汗びっしょりになったり、顔が赤くなる。これはいけないと思うといよいよ赤くなる。

こんな経験をお持ちの方も多いのではないだろうか。

だとすると、あなたは初対面恐怖症だ。しかし誰にも、こうした傾向はある。とくに自分より偉い人の前では、みんな緊張する。ところが、それが強くなりすぎると、対人関係にそごを生ずるような事態にも陥りかねない。

対人恐怖症というのは、そのもっとも典型的な病的な状態だ。対人恐怖症になりやすい人は、神経質で、内閉的な性格の持ち主で劣等感が強い。この病気はとくに若い人に多く見られる。

若者はまだ未完成で、世の中のことも知らないし、自分の能力も分からない。何に対しても初体験で経験がないから、前途に対して不安と恐怖を感じている。自分に対する自信のなさが対人恐怖を作りあげていくわけである。これが、三十歳になり、四十歳になり、世の中でもまれて、だんだん面の皮が厚くなってくると、自ずと対人恐怖症も減っていく。

対人恐怖症となると、これはひとつの病気だが、初対面の相手のみに限られる気おくれと不安はほとんどの人が感じるものであり、これは、自己防衛本能という人間、いや生物の本質ということができる。

戦争には敵情偵察が必須条件であるし、商売にはマーケティング・リサーチが必要だ。対象の本態が分からないとき、生物は万一に備えて自己を守らねばならないから、身構えが要求される。それが不安という心理になって表れてくるのだ。

下手でもかまわないという悟りを開けばいい

人に会うことに恐怖をおぼえる原因の第一は、劣等感である。自分は他人にくらべ劣っているのではないかという不安、自分に対する自信のなさが心にひそんでいると、こうした心理が強く出てくる。

それともうひとつは、心の要求水準が高すぎることだ。

要求水準が高いというのは、うまくやろうという気持ち――この上司と、この偉い人と、会談をうまくやって成功裡に終わりたい、相手からよく見られたい、という気持ちがひそんでいること。つまり、自分の言動に対して完全を望む気持ちが強いということである。

それ故に、当然、実際の自分の行動との間にギャップが生じる。失敗したときのダメージも大きい。たとえば、車に乗って時速四〇キロで走ってぶつかったときと、一〇〇キロで走ってぶつかったときでは、受けるダメージがまったく違う。四〇キロで走ったほうが、ずっとショックは軽くてすむわけだ。

それと同じで、うまくやろうという気持ちが強ければ強いほど、自分の行動がそれに追いついていかず、かえってアガってしまう。挫折感が強く、自己を卑下することになる。

人前で字を書くのが苦手という人がいる。結婚披露宴などで芳名簿に署名をさせられると、人に見られていると思っただけで手がふるえてうまく字が書けなくなる。それが恐さに、結婚式の招待を断わったりする。

この場合は、自分の要求水準を下げればいいのだ。下手な字でもかまわないという悟りを開けばいい。習字の手本のような立派な字を書かなければ恥ずかしいなどと思わず、自分の目標は最低の線に置けばいいとする。

口でいうのは簡単だが、実際に行うのはなかなかむずかしい。

武者小路実篤さんの字。よく見ると、失礼ながらあんな下手な字はない。習字の先生なら決していい点はつけないだろう。

だが、武者小路実篤さんの文字には、強烈な個性がある。そういった意味で見ると、なんとすばらしい字ではないか。だから、どんな字でも、自分らしいその人の個性のにじみ出ている字を書けばそれでいいのだ。

こういう理屈を心で納得できるようになれば、人前で署名するのが苦痛でなくなり、病気は治るのである。

アガっても大丈夫、少しずつ自分を変えていけばいい

「アガる」という状態は、不安感や劣等感が強烈になりすぎ、それが自律神経を刺激することにより起こる。自律神経の調子が乱れ、周囲の環境、たとえば温度などに、うまく連動せずに血管が拡張したり、ちぢんだりすると、血液がうまく流れず顔面に集中する。顔が赤くなる。しまった、という思いが、さらに自律神経の調子を乱し、ますます頭に血がのぼる。これは全部心理作用からくるものだから、心的要求水準を下げれば、みんな解消するはずだ。

ただし、ここでちょっと気をつけなければならないのは、どうでもいい、自分は立派じゃなくてもかまわないという風にとらえたら、人間、進歩はしないということだ。あくまで夢は高く、要求水準は高く持ってほしい。

これまで述べてきたことと矛盾するようだが、ただしその心の要求が完全に達成できなかった(現実はこれが大部分だ)ときの、心の対応の仕方が問題なのだ。

ある程度の劣等感が、人を前進させるエネルギーとなっているのは事実なのだ。この原則は胸にとどめておいていい。

そのよい例がナポレオンだ。彼は、背も高くなかったし、容貌の面でもたいしたこ

とがなかった。このため、いろいろな意味で劣等感を持っていたと思われる。その劣等感の裏がえしとして、優越欲求というものが出てきて、とにかく人より優れたいと思うことから、権力への途を歩んだのである。何とか人より上になりたいと努力する根底には、必ず劣等感がひそんでいるのである。

ここで、要求水準を心に抱く際の、水準の高さが問題になる。初めから最高を、富士山の頂上を望むと失敗する。まず、三合目あたりから始めて、ここに到達したら、次に四合目、五合目と一歩一歩上がっていくのならまず大過なく人生を送れる。少し上を見て、着実に自分を向上させていけば、高すぎる要求水準のために、自分を卑下したり、アガったり、どもったり、赤面したりすることはなくなるだろう。

女優の吉行和子さんは、昔は初対面恐怖症だったそうだ。それをどうやって克服したか、何かの雑誌で私と対談したときに、こんな話をした。

「自分はこうなんだと決めてしまわず、自分がこんな風になりたいと思う方向に向かって、少しずつ自分を変えていくことですね。人間は絶対に変わるものなのだから、あきらめないのです。初対面の人と会って、顔が赤くなったりする自分を嫌いにならないで、そのうち治るという希望を持つこと。あきらめると、そこですべてがストップしてしまうのです」と。

初対面恐怖症のあなたも、こうありたいと思う自分に向かって少しずつ努力していけば、必ずすばらしい社交上手になれるはずだ。

と、書いてきて、私はどうやら、筆がすべったようだ。「すばらしい」という言葉はとり消そう。これでは要求水準が高すぎることになる。

「すばらしい」のかわりに、「まあまあ」という意味をこめて「世間なみの」という言葉をつかったほうがいいかもしれない。

初対面で使ってはならないこの言葉

初対面で「しかし」は禁物

初対面の相手と気持ちよく話をするテクニックのひとつに、相手を不快にさせるような言葉は使わないということがある。

こう書くと、テクニックも何も、きわめて当たり前の話じゃないかと思う人も多いだろうが、自分ではあまり意識しないままに使って、相手との関係を知らない間にぶち壊してしまう言葉というものがある。

まず注意しなければならないのが、相手の言を否定するようなフレーズだ。たとえば「そうはおっしゃいますけれど」とか「おことばですけれど」といったたぐいの言葉である。

これは親しくなってからの話であって、初対面の人間にはタブーだ。いくらていねいな物言いをしても相手に対する反論であることに違いはない。いきなりストレートに「おことばですけれど」といったら、話はもうぶち壊しだ。二人の間は気まずい雰囲気になってしまうだろう。

そこで、反論したいと思っても、内心それはグッと押さえ、「確かにおっしゃる通りでございます」とか「ごもっともです」と一応相槌を打って相手をたてておくことが必要である。

反対意見はその後でさり気なくいえばいいのだ。相手に反感を持たれてしまったら、もう会話など成立しなくなるのだから。

同じ意味で「しかし」も避けたほうがよい言葉といえよう。私のところに来る患者にも「しかし」を乱発する人が多い。「しかし」という言葉が多いと損をするのだから、と注意したすぐあとで「しかし」とか「でも」などという。これは私のいったことが耳に入っていない証拠で、神経症の患者によく見られる特徴だ。

自分のことのみにこだわって人の話が聞けないようでは、上手なコミュニケーションなど望めないだろう。そのへんの理屈が分かっていてもなおダメなところが神経症たるゆえんだ。

ヨーロッパでも英語の「バット」とか、ドイツ語の「アーバー」、いずれも「しかし」に相当する言葉であるが、これは安易に使ってはならないといわれているようだ。

まず、アイ・シンク・ソゥ——おっしゃる通りですね、と肯定しておく。洋の東西を問わず、ダイレクトな否定語は会話のエチケットに反するというわけである。したがって品のいい人はwouldをよく使うのである。

「しかし」「だが」「でも」などの直接的な反論に対し、人は生理的な拒否反応を示す。自分の身に置きかえて考えてみればよく分かることだ。とくに、まだお互いに信頼関係が確立されていない初対面の相手に対しては、禁句だと考えておくことが得策といえよう。

欧米人とのつき合いに「あいまい」はタブー

先に欧米人のことを書いたが、彼らは日本人ほどウエットでないから、われわれが彼らとつき合うとき、日本的感覚でやるととんだ失敗をしたり、不快感におそわれることが多い。

彼らは「イエス」「ノー」がはっきりしているとよくいわれる。彼らにしてみると、日本人は返答があいまいで、はっきりしないといい、ついには日本人は信用できない、ウソをつく、約束を守らないとくる。

日本人の笑いを彼らは神秘的な笑いだと表現する。このへんまではいいが、女性の日本的あいまいな笑いを彼らは「イエス」と解釈して、とんだ騒動になることがある。

旅客機が事故を起こす。日本だと社長が遺族の前に出て両手をついて陳謝の意を表する。これが外国の航空会社だと、社長があやまるなどということはぜったいにない。きわめてビジネスライクにことを運ぶ。

日本人の場合、遺族が事故現場に出かけるが、欧米人の遺族がそういうことをしたという話は寡聞にしてきかない。そこに出かけて行ったからとて死者が生きかえるわけがないというのが彼らの考えだからだ。

ついでだが、彼らには戦死者の遺骨収集という習慣がない。戦死した場所に鎮まるというのが彼らの考えだ。

米軍の墓地は、首都のワシントンDCのアーリントン墓地やホノルルのパンチ・ボウルの墓地は有名だが、海外にもマニラや、ヨーロッパのルクセンブルグに広大な墓地があり、またイタリアのナポリの近くで大きなイギリス軍墓地を見たことがある。

韓国の釜山には国連軍墓地があり、朝鮮戦争で戦死した国連軍にぞくした各国の兵士がねむっている。

このように欧米人とわれわれとでは根本的に考えが違うから、その点は考慮に入れてつき合わねばならない。

だが、つき合いの「根本」はどんな民族でも共通したものを持っていると思う。

「何しろ」「ので」「から」の使い方には要注意

初対面の相手に何かを依頼する際に、それがさも当然だといわんばかりの押しつけがましい物言いも、注意しなければならない点である。「何しろ私どもは○○でございますから」というような言葉は避けたほうがけんめいだ。

私はいろいろな方面から講演や原稿の執筆依頼をいただくが、このとき先方のちょっとした話し方で受ける印象が大幅に違ってくることを痛感させられる。

たとえば福祉関係の事業を無料でお手伝いするというような話の場合、「何しろ当方は役所関係でございますから、福祉事業でございますので」といわれると、ちょっと高圧的な感じを受けてしまう。

私自身、喜んで助力しようと思っているところに「事業が事業でございますから、謝礼は一文もさしあげられません」。これでは、最初からそのつもりだった私でも、あまり気分がいいものではない。

そうした方々のご苦労はよく分かるが、それをさも当然という風に強調されると、逆に反感を覚えてしまうものなのである。

作家の佐藤愛子さんも同じく役所関係のことを不快げに書いている。

ここで、なぜ私が〝押しつけがましい〟とか〝高圧的〟という印象を受けたのか考えてみたいと思う。

もちろん、話し方や口調そのものによるところも大きい。が、最大の原因は自分の立場を前面に押し出して正当化している論理展開にあるのではないだろうか。

「何しろ」「○○ですので」「○○ですから」――いずれも自分の主張が正しいことを強調するために使われた言葉だ。こうした言葉で説明しなければならないような会話を初対面の人と交わしているなら要注意だ。もしかしたら、相手に不快感を与えているかもしれない。とくに、頼みごとのときには、「何しろ」「ので」「から」の使い方に十分注意を払いたいものだ。

かといって、あまりかしこまりすぎるのも逆効果となってしまう。

頼みごとの場合など、相手に悪いと遠慮するあまり「申し訳ございませんが」ばかりいう人がいるが、申し訳ない、申し訳ないとぐずぐずすると、それを聞く相手にかえって不愉快な思いをさせることにもなる。いったい何をいいたいのかさっぱり分からない、要領を得ないからイライラしてくる。

日本人は遠慮を美徳と考えているところがあるが、明治、大正ののんびりした時代ならイザしらず、それは現代社会では通用しにくい。

ビジネスライクに、いいたいことはどんどんいう。高圧的に感じさせない心くばりさえすれば、そのほうが相手もずっと気持ちがいい。そこで、「申し訳ありません」「すみません」を多用するのはタブーだ。そう決めて交渉ごとにのぞもう。

「ですから」は相手の気分を害する

ついでにちょっとつけ加えよう。

下町のおカミさんや、お師匠さん、色街のねえさんなどが会話の初めに、ちょくちょく「いいえね」という言葉を使う。そして本題にはいる。

しかし、これは否定的な言葉ではなく、英語の well とか so に相当するものだろう。

これは相手に不快感は与えない。

しかるに、私がどうも「いただけない」と思うのは、こちらが何か質問したときに相手が「ですから」という言葉で回答を始める場合だ。

相手はそれこそ何の気なしに使っているにちがいないのだが、少し神経質な人間なら、その「ですから」という一言のなかに「何度いってもお前さんは分かっていない」とか「オレは手間ひまかけて、これから説明してやるのだ」といった雰囲気を感じるに違いない。

少し言葉にうるさい人間なら、必ずや「ですから」には快い感じは持たないだろう。「ですからこれからこうします」「ですから私はこう思います」式の「ですから」はなるべく避けたほうがいい。

手ごわい相手の心をつかむケース別対応術

気心の知れない人と対面する
話題を多くし、相手の反応を観察せよ

どんなタイプの人間か分からない相手と対面する場合、それがまったく一回だけのつき合いになるからどうでもいいとか、用件だけ伝えればいいというケースでない限り、できるだけ早く相手の性格や気持ちを理解するように努力することが大事だ。

といっても、いきなり相手の心の中に踏みこむような話題をとりあげるわけにはいかないので、そこにはおのずと一応の手順というか、ステップが必要である。

最初はまず、毒にも薬にもならないような話題でスタートするのが安全だ。特別な判断とか、断定とかを必要とする話は避けることだ。

そういった意味で、「寒い」「暑い」「天気がいい」といった話題から入る日本人のやり方は、安全でなかなか理にかなったものといえる。本来、何の意味もない話だか

ら、これは絶対に失敗しない。

次に、最近世の中をさわがせているさまざまなニュース、スポーツの話から世界情勢に至るまでの話題を、サラリととりあげる。そして、相手が何に興味を示すか、どんな風に反応するか観察するのだ。これは、要するに偵察行動である。

相手を自分のペースに引きこむのはひとつの戦いであって、戦いは状況を知ること、敵を知ることから始まるからだ。まだ本格的な戦闘に突入する前の偵察行動ということを考えると、非常にパーソナルな話題や深刻なテーマは持ち出さないほうがいいだろう。

気心の知れない相手と対面するときに気をつけたいことに、特定の個人の名前を出さないということがある。

うっかり、まさかこの人と関係ないだろうと思って、ある人の悪口などいったりすると、「いや、実は、遠縁にあたるんです」とか「あいつ、同級生なんだ」ということがあるかもしれない。

こうなったら大変だ。人間関係は思わぬところで思わぬ人とつながっているものだから、相手を充分に知らないうちは、個人の名前を出したり、特定の集団をとりあげて批判したりしてはならない。

大恥をかくだけですめばよいが、相手の気分を害したり、その話がまわりまわって思わぬトラブルに巻きこまれることにもなりかねない。

多忙でとりつくしまもない人と対面する

相手の立場に立って行動すべし

実業家や政治家に頼みごとをするとき、学者や評論家などに講演や執筆の依頼をするときなどは、相手が非常に多忙であるということを頭に入れておく必要がある。

スケジュールが詰まっている人は時間に追われているわけだから、ダラダラとしたつき合いは迷惑になる。話は簡潔に手早く、そしてビジネス・ライクにやる。しかも、自分のほうから話を切りあげる。

「お忙しいと思いますから」「大変ご多忙なあなたさまでございますから」という言葉は、相手がどれだけ社会的に重要な人間であるかを示すひとつのほめ言葉だ。これで相手の優越感をくすぐり、気分を良くさせる。

そして「細かいことはこの次にいたします。今日はこれで失礼いたします」といってさっさと席を立ってしまう。相手に「さあ」といわせるようでは失格だ。

時間がなくてイライラしているのに気づかず、いつまでも座りこんで動かない、相手の都合におかまいなしに自分のペースを押しつける。これでは、忙しい人から、もうつき合いたくないと思われてしまうだろう。

「さぞお忙しいでしょうから」といいながらなかなか席を立たないなどというのは最低だ。長々としゃべったあと「簡単ですがご挨拶といたします」という演説と似ている。どうもいただけない。

常に相手の立場に立って物を考え行動する人間、そんな風に自分を相手に印象づければ、あなたの株はグンとあがる。なかなか気の利いた人だと好感を持ってもらえるに違いない。

話を切りあげるタイミングと同じように大切なのは、きちんとアポイントメントをとりつけておくことだ。

昔の日本人の生活習慣では面会の約束をすることが一般化していなかった。地域社会に住む人たちが、みんなひとつの家族のように親密なつき合いをしている時代にはそれでよかったのだが、生活スタイルが変わり、個人主義的になってきた現代社会では、約束なしの面会というのは、通用しにくくなっている。特に多忙な人にとってはまず無理な相談だ。

私の母は西洋人的な発想をする人で、突然たずねてきた相手に「あなたネ、約束しないでいきなり来たって会えると思うの」などとはっきりいう。そして「予定がありますから、じゃ、失礼します」とさっさと出かけてしまうのだ。

これはヨーロッパでは当たり前のことなのだが、日本人的な生活習慣の感覚を持っている人たちからはひんしゅくを買ってしまうようだ。

それで母の評判が悪くならないようにと、息子の私がお客をなだめたり、サービスにつとめたりすることになる。

日本の習慣が間違っているとはいわないが、非常に忙しい相手と会う場合は、約束なしの訪問はぜったいに避けるべきだろうと思う。

以前、世界的に有名なドイツの性格学の大家を訪問したことがある。二時の約束で自宅を訪れたのだが、私が玄関に着いたのが二時五分前だった。ところが、私が来たのを知っているのに、先生は出て来ない。二時になるまで、五分間ぴったり玄関で待たされた。

これが約束時間に対する西洋人の感覚なのである。自分には自分の都合があるのだから、相手が勝手に早く来たからといって、それに合わせることはしないのだ。

日本ではまだ、ここまではいっていないが、約束の時間はきっちり守るように気をつけなければならない。早すぎるのも、遅れるのも、多忙な人にとっては迷惑なのである。

さらに約束した日の朝か、前日にもう一度確認をとることも必要だ。忙しい人にどんな急用がとびこんでいるか分からないからだ。

いやな人間と話をしなければならないとき

長所だけを見て応対すべし

自分が好感を持っていない相手と話さなければならない――これは気が重いことだ。しかし、職場や学校、近所づき合いなど、あらゆる日常生活のなかで、私たちがしばしば体験せざるを得ない現実でもある。

ではどうしたらいいか。当たり前のことだが、我慢することしかない。皮肉やイヤミをいったら、よけいに不愉快な会話をすることになるし、わざとらしくニコニコ親しげにふるまうのも、かえって不自然だ。不快な感情を表に出さないように注意し、ごく自然に対応するのがベストということになる。

しかし、ここでちょっと考えてみたい。あなたは本当にその人のことが、もう耐えられないほどいやなのだろうかと。

初対面でいやな感じの人間だと思っても、つき合っているうちに、こんないいところもあったのかと、だんだん相手を見直すこともあるものだ。

人間には案外隠された部分が多い。一度や二度会った程度では、その人の全貌をつかむことはむずかしいのではないだろうか。もう少しじっくりと相手を観察してから、いいとかいやとかの結論を出しても遅くはない。

私たちの観察眼が、それほど確かなものでないことは、ラジオの人生相談などをやっているとよく分かる。

「夫がこんな人間だったとは思いませんでした」などといってくる人は、観察が足りなかったのだ。いいと思ったのがいやになった。当然その逆もあるわけで、いやな人間もひょっとするといやじゃない人間になるかもしれないという可能性を秘めている。

人とつき合うときは、いつもそのことを頭に置いて、あまり断定的に好き嫌いを決めつけないことが大切だと思う。

俳優の森繁久彌さんは、人とつき合うときは、その人の長所だけを見て、そこだけを認め合ったつき合いをするのだといっていた。

どんな嫌いな相手にも必ず長所はある。欠点を見てそれでどうこう批判するのでなく、その長所の部分のみで関わり合えばいい、というのが森繁さんの持論だった。

舞台や映画でさまざまな共演者たちと仕事をし、また観客ともコミュニケートしていかなければならない俳優としての観点。それがこのようなふところの深い対人観を育んだのかもしれないが、いかにも森繁さんらしい考え方だと思う。

「相手の長所のみ」という考え方は、子供の問題にもあてはまる。子供の欠点ばかり見つけて攻撃するより、どこかいい点を見つけてほめてやるほうが、子供はよりよく育つものだ。

これは児童心理学の根本原則のひとつだ。

無口で通そうとする人と話すとき

無理にギャップを埋めるべからず

無口な人というのは、人のしゃべりすぎに対しても、あまりいい感情を持たないものだ。

寡黙な人と話すときは、言葉をなるべくつつしんで、最小限にとどめる。相手が黙っているからといって、そのギャップを埋めるためにベラベラしゃべるのもよくないだろう。相手は、黙ってじっとしていることを楽しんでいるのかもしれないのだ。

黙って木の枝をながめている芸術家がいる。そのとき、彼の心の中には木に対して何か発想が浮かんでいるのかもしれない。そうした場合、誰かが話しかけると、彼の発想をぶち壊してしまうことになる。

相手がじっと何か考えているようだったら、こちらもあるところまでじっと黙っていたほうがいい。これも、相手の立場に立って物を考えれば分かることではないだろうか。

腹を立てて黙ってしまったのでなければ、沈黙がちの相手を気づかう必要はないと思う。こちらが黙っていることに対して、不快な感情を抱かれているのでは、といった心配も不要だろう。

私がいつも感心するのは、放送局からの迎えの車の運転手は、こちらが何か質問しない限り絶対に自分からはしゃべらない。放送前の出演者は車のなかで、話の筋道やお膳立てをしたり、リハーサルをしていることが多いことを彼らは知っているからだろう。

話し好きの人に対面するとき
感情の動きが伝わる相槌こそ最高の武器

話し好きな人に対しては、こちらはあまりしゃべらず、上手な聞き役になるべきだろう。

相手の話に興味を持っている、よく聞いていることを、相槌で伝えて、しゃべっている人をいい気持ちにさせることがもっとも大切である。

相槌には、「はい」「その通りで」「なるほど」「ごもっとも」「ほう」などいろいろな言葉があるが、話の内容に合わせて上手に使い分けられる名人になればいいと思う。

やたらに相槌を打つと、機械的な感じになり、話を聞き流しているという印象を与えてしまうこともある。また、しゃべっている相手にうるさいと思わせるかもしれない。

数は少なく、ただし、驚きや興味、疑問など聞き手の感情の動きが伝わるような相槌は、話し好きの人の心をとらえる最高の武器となる。

《私の初対面術》②　西田敏行

相手の感触を声で読みとる

宮尾すすむさんがおもしろい話をしていらっしゃるのを新聞で見つけ、興味深く読んだ。

宮尾さんは、司会とかレポーターとかをやっていらっしゃるのだが、その際には、まず相手に対して、「僕はあなたに決して害を加える人間ではない」ことを知らせるようにしているというのである。

僕も俳優という人気商売をしているから、初対面の相手が自分に何をもたらす人間かということをまず頭に入れて会う。そうすると、相手が同業者でない限り、決して怒りとか悲しみとかを僕に対してぶつけてくるような関係にはならないはずだ。

だから、僕は、何かうっすらとした微笑をあなたに与えにきたんだ、といった気持ちで相手に接するようにしている。最初に会ったときから、相手をリラックスさせて包み込むような、居るだけでまわりが明るくなるような雰囲気を身につけられたら、と思うのだ。

初対面の相手が十分リラックスしてい

るか、あるいはある種の緊張を持っているのかを、僕の場合は、第一声というか、声のトーンで判断している。

たとえば、もう何も気づかわずにストレートに話せると思う感じと、ちょっと緊張しているという感じは、声の調子に現われると思う。

だから、ちょっと声が緊張しているなと感じたときは、とりあえずリラックスするためのお互いの心のスタンスを計りながら言葉を選んでしゃべる。

笑いは緊張をときほぐす役目を果たすが、いっていい冗談と悪い冗談があるわけで、そのあたりの感触を声で読み取るようにしている。

会った瞬間に吹き出してしまった
武田鉄矢との出会い

仕事仲間との印象に残る出会いとして、まず挙げたいのが**武田鉄矢**である。

彼とは番組の打ち合せで喫茶店で会ったのが最初だった。お互いの仕事ぶりは互いに興味を持って見ていたから、そういった意味では、まったくの初対面というより、仕事の場面なりを通じてお互いの人間像などをつかんでいたといえるのだが……。

とにかく、会った瞬間に、本当にもう思わずお互いに吹き出してしまった。

何か鏡を見ているような感じがして、同じようなつらさと、同じようなコンプレックスを持っていること、同じような環境で育ってきたということが、一見して分かったとでもいうのだろうか。顔を見ただけで、同じような苦しみを味わってきたんだろうという妙な親近感が生まれた。

あまり多くは語らなかったのだけれども、最後によろしくといったときに、なんとなくニタッと笑い合って、もう心が読めたようだった。

まったく僕と異質であるだろうというタイプの人と会ったときには、その人を理解するのにある程度の時間がかかるが、武田鉄矢とは、何の意識もせずに、ふっと親しくなれたのである。

お互いにまだ銭のなかったころの話を意識的に共通の話題として持ち出しても、その境遇がほぼ同じようなものだから、ほとんど苦労せずに話がはずんでしまう。

彼は、出会いのときから旧知の仲のような気がした貴重な友人なのである。

もっぱら話の聞き役にまわった
泉ピン子ちゃんとの出会い

僕は、**泉ピン子**ちゃんと親しくしているが、彼女とも最初は仕事で出会った仲である。

彼女は当時『ウイークエンダー』などで大忙しで、超過密スケジュールタレントだった。もうとにかく、仕事をひとつ終えると次のテレビ局へ走り込んで行ってしまうという状態のなかで、彼女はいろいろな人に話しかけたりして気をつかわなければならない。

　そんな彼女をフワッとした気持ちで見ていたら、西田さんといるととっても落ち着くの、みたいなことをいわれた。それは、僕のほうがあまりしゃべらないで、もっぱら話の聞き役になっていたから、心が通じ合ったという感じなのだ。

　だから、今でも、彼女と会ったときは「ああ、そうか、そうか」と聞き役に回っている。

出会いの前に持っていた印象とまったく違っていた佐久間良子さん

　これまでの出会いで、いちばん緊張したのは、『女太閤記』で**佐久間良子**さんにお会いしたときだった。

　佐久間さんは大変気難しい方かもしれないということを聞いていたものだから、そうした先入観で緊張していたのだ。

　ところが、お会いして一言しゃべったときに、大変清楚だけれども、ガシッとした男っぽい根強さがある人だなと感じて、もう、気軽に良子ちゃんとか呼べる仲になって仕事ができたのである。

　会う前のイメージとは違った形で、いい結果でおつき合いできた方として印象に残っている。

いろいろな人との出会いで、相手が非常に無口だとか、気難しそうだと感じたときに、僕の場合、その人にとっていちばん興味のあるのは何かということを探すようにしている。

それで、まず話の糸口を見つけて、そこから突っ込んでいくのだ。

たとえば、僕は庭いじりとか園芸とかに対して、今のところまったく興味を持っていないが、寡黙な俳優さんのなかには、そういうことを趣味にしている方がいる。そこで「まったく分からないのですけれど、盆栽っていうのは可愛いのですか」みたいなことを聞いて、のってきたら後はもう盆栽から離れて話をするというようなことはある。

その糸口を見つけるまでが大変だが、前もってある程度調べておいたりするのだ。

僕は役者だから、人を見るときに、その人の素地というよりは、役を通じて、この役をこういう風に演じるということによって、その人柄を知っていくというところがある。

いろいろな役があって、その役をいかにとらえていくかという部分で、その人の日常の考え方とか、ものの感じ方みたいなものが分かるのだ。だから、違う職業の方と会うときには、しゃべっていてもなかなかその人の本質が見えない場合がある。

逆に、フィクションの世界で演じているのを見たときに、むしろ地肌が見えるという気がする。おもしろいものだ。

また、役者稼業をやっていると、あの人はこういう人なんじゃないだろうかという、ある種の決めつけというものがあるから、初めて人と会うときは、それを頭のなかで一回分解して、パーッと白い気持ちでその人に接するようにしている。

前評判とか先入観とかを持たないほうが、その人が見えてくると思うのだ。

先にふれた佐久間良子さんのケースもそうだが、一般的にいわれているイメージと違ったという意味で印象的なのは、**桃井かおり**との出会いだった。

いっとき、突っ張っているとか何とかいわれている時期にちょうど出会ったのだが、とっても素直で、シャイで、なんて可愛らしい女の子だろうという想いを抱いた。

ある種の恋心に近いような気持ちでずっと見ていたほどである。頭も聡明な人だし、世間でいう前評判は、概して自分の持つ印象とは違うものなのだという想いを強くした。

女性に好感を持たれる自己演出術

中学生時代までは、僕はクラスのスタ

ー的な存在、女の子たちのあこがれの的だった。

　ところが高校へ進み、だんだん思春期もまっ盛りの頃になると、自分の想いとは裏腹に、体型の変化を始めとするいろいろな意味での変化が生じ、状況は一変した。それと、自分の中学校時代の忘れられぬ栄光とあいまって、僕は非常にアンバランスな思春期を送っていたように思う。

　ここで体得したものは、決して自分を誇示しないということである。中学校までは、どうだ、俺はカッコいいだろう、というような誇示の仕方をどこかに持っていた。そういうものがだんだんなくなってくると、女の子にとって、とても安心できるタイプの男、ある種の危険性をはらんでいないというか、毒性のない男になる。

　だから、僕が好意を持っている女の子からも、他の男との恋愛のことで相談を受けたりすることが多かった。一時それでジレンマに陥ったこともあるのだが、どうもそれが僕の何かひとつのタチみたいなことになってしまった。

　その女の子にやさしいということではなく、僕だって下心ムンムンで会ったりするのだが、結局最後には「彼とうまくやれよ」と妙にええカッコしてしまうというぐあいに。

自分をどう演出するかということで、女性との出会いは何か変わってくるような気がする。

　たとえば、初対面の人とどこかで待ち合わせをするときに、渋谷のハチ公前で待ち合わせるか、あるいはどこかのホテルのロビーで待ち合わせるかで、待ち合わせの行動線というか、心の盛りあがりが違ってくると思う。

　お互いにお金がなくても、喫茶店に入るのはもったいないからハチ公前でということにしたら、心寒いのではないだろうか。

　そこで、あえて気分を変えてホテルのロビーにする。別にコーヒーを飲むわけじゃないからここもタダだ。じゅうたんを敷き詰めた通路で待ち合わせをすると、それなりに気分がいいに違いない。話す内容も変わってくるし、初対面での印象というものは大きく違ってくるのではないかと思う。

　初対面のときには、疲れた顔で会わないこと、あなたに興味を持っているという部分で積極的な姿勢を示すこと、それを守れば、異性に好感を持たれると僕は考えている。

おしゃべりは六分四分で進めるべし

　僕は人としゃべるとき、六分四分くらいで、自分のしゃべりを四分、相手の話を六分聞くみたいな間合の取り方をしている。

こいつは俺のいうことをよく聞いてくれる、しかも、あいつも自分の意見を述べている、という感じを与える配分だと思うからだ。

七分三分では、ちょっと自分の主張が少なすぎるような気がする。会話全体が一時間だとすると、一時間のなかで、六対四くらいのバランスでしゃべると、あの人とまた会いたいなという気持ちを抱かせるのではないだろうか。

人と会うといっても、それぞれその目的は異なる。たとえば、僕の場合、プロデューサーと会うとき、役者仲間と会うとき、まったく仕事に関係のない友人に紹介されて会うとき、というぐあいに、いろいろなケースがあるわけだ。

プロデューサーと打ち合わせをするときには、たいてい、今度の作品はこういうものでとか、それであなたをキャスティングしたみたいな説明を聞いたうえで、今度は自分の意見を述べるのだが、それがだいたいバランスの取れた六分四分じゃないかという気がする。

俳優の仕事というのは、絶えず自分をどこかでさらけ出しているところがあるので、本当の自分に対する説明が、他の職種より少なくていい。自分を商品として売っているわけで、その意味ではズバリ本質から話せるということは確かにあって、意外と楽をしているのかもしれない。

　でも、この六対四のバランスは、仕事をやるセールスマンの方などにとっても、もしかしたら意外と有効な配分ではないかと思う。

　セールスマンが一方的に説明してしまうと、消費者のほうが逆にだんだん遠のいていくという感じはある。

「こういうものが出たんですが、いかがでしょうか」

「うーん、うちは今は……」

「いや、そこを何とか、奥さん……」

　とたたみかけてしまうと、本当にいらないと思わせてしまうみたいな部分だ。

「うちは今……そうねえ」と考えているときに、ずっと待つ間《ま》だろう。

「奥さん、そうおっしゃいますがね……」とせまると、逆に反発を感じさせてしまい「いや、本当にいらないから！」となってしまう。

　やはり、どんな場合でも、会話の間《ま》は大切なんだなと思う。

第4章

顔を合わせた瞬間が勝負

性格を見抜く早道――精神科医が分類する五つの性格

人間の性格は五つに分類できる

人は十人十色。それぞれがまったくちがう性格、経験、考えを持っている。一人ひとりがみんなちがうからこそ、初対面で相手のポイントをつかむのがきわめてむずかしいことになるのである。

しかし、人間それぞれみなちがうから、相手の発想、性格のアウトラインがつかめないというのでは、精神科医の存在の意味がなくなる。

人の性格をいくつかのタイプに分類して、それぞれを分析しようという試みは、アリストテレスやヒポクラテスの時代から行われている。数々の試みのなかで、現在に到るまで一般的に用いられているのが、ドイツの精神医学者、クレッチマー教授（一八八八～一九六四）の五分類法である。

その分類によると、人間の性格は次の五つに分けられる。

一、分裂性格――表面的な言動と心の奥底が、他人からは理解できないような人で、往々にして、性格のなかにきわめて敏感な部分と、きわめて鈍感な部分がある。大ざっぱにいえば非社交的、孤独を好む性格である。

二、躁鬱性格――社交的で積極的、陽気な反面、細かい思いやりや、自己反省に欠けることもある。

三、癲癇性格――執念深く、こり性で、学究肌の人が多い。几帳面、完全主義、融通がきかない。

四、ヒステリー性格――うぬぼれが強く、感情のままに動きやすく、きわめて自己中心的である。自分を実際以上にひけらかしたがる。

五、神経質性格――理知的だが、自分自身を批判的に見るタイプで、責任感が強すぎ、クヨクヨ型が多い。ひとつのことがなかなか頭から離れない。

このクレッチマー分類にあらゆる点でまさる性格分類法はいまだにあらわれていない。

とはいうものの、たとえば〝癲癇性格〟というと、すぐに癲癇症を考えてしまうというように、きわめて誤解を招きやすい名称である。

たとえば私の父である斎藤茂吉が死んだとき、私は一精神科医としてある新聞に、「父はひじょうに癲癇性格が強かった」と書いた。

すると、親類から「自分の父を癲癇とは何だ」という抗議の電話をうけた。

私は癲癇症といった覚えはない。クレッチマーの性格分類法に従って、癲癇性格が強かったといっただけである。クレッチマーの分類の呼び方が、病的な印象を持っているために、こうした誤解が生じるのだ。

まず相手の性格のフレームをつかめ！

そこで私は、クレッチマー教授の性格分類の呼び方を、次のように変えることにした。

分裂性格——内閉性性格
躁鬱性格——同調性性格
癲癇性格——粘着性性格
ヒステリー性格——自己顕示性性格
神経質性格——そのまま

こうして名称を変えると、病的なイメージがなくなり、人間の性格のタイプをはっきりさせても、誤解を生むことはない。

クレッチマー教授の分類した五つの性格は、誰がどの性格というのではなく、普通の人なら、誰でも五つの性格を持っており、そのうちのどれがいちばん強いかによって個人の性格が浮きぼりにされるというものである。

たとえばＡさんは内閉性が一〇パーセント、同調性が五パーセント、粘着性が四五パーセント、自己顕示性が二〇パーセント、神経質が同じく二〇パーセントとすると、Ａさんは粘着性がいちばん強いということになるわけだ。

自分にはどのような性格があるのかというのは、今では所定の質問用紙に○×方式で回答することによって、簡単に知ることができる。

クレッチマーの性格検査表は二五項目の質問に答えるものだが、自分一人でやってはあまり正確な結果は出ない。検査結果を〝意識〟して回答するということもあるからだ。とくに自己顕示性の強い人などは、自分に具合の悪いところには絶対にマークしない。

正確に自分の性格分析をするには、自分で診断した結果と、友人や知人、日頃自分とつき合ってよく知っている人の判定結果をつき合わせてみるのがいちばんだろう。

初対面で人を見抜くためには、まず第一に、この五つの分類のうちのどれに当たる人かを判定するのがいちばんの近道である。

その性格のフレームをまずつくり、そして、言葉やしぐさなどから修正を加えていくのがより正確である。

どの性格に属しているか

☆内閉性性格

一言でいえば非社交型の人間。自分の内に閉じこもりがちで、一人でいたほうが楽しいというような人である。

人のことを気にかけず、自分の思ったとおり実行しないと気がすまないところがあるから、偏屈とか変わりものとか見られることもある。

職業でいえば、芸術家、文学者などに多く見られる性格だ。この内閉性の人は、やせていることが多い。もちろん、必ずそうだというわけではないが、およそ六〇パーセントぐらいの確率がある。

相手が内閉性であるかどうかを判断する手がかりには、次のようなものがある。

まず、無口だということ。ベラベラしゃべらない。こちらの話に相槌を打つぐらいで、もっぱら聞き役にまわる。冗談に対しても決して大口を開けて笑ったりせず、あまり顔つきを変えるということをしない。

あまり表情が豊かでなく、反応を示さない。

これが、内閉性の特徴である。

☆同調性性格

これは社交的な性格だ。あけっぴろげで陽気。交際好きで面倒見がいい。反面、細かい思いやりや自己反省に欠けることがある。要するに親分肌の人である。

体つきはデップリ型が多い。太っていて、豪放磊落に見えるのは、大体この性格の持ち主。実業家とか政治家などによく見られるタイプだと思えばいい。

同調性性格の人間は、大体においておしゃべりで、人に調子を合わせるのがうまい。だから、会話の相手としてはなかなか楽しい人だが、ときとして、言葉が多すぎてこちらの口をさしはさむいとまも与えないというようなタイプにもときどきお目にかかる。

パーティの席などで、初対面なのに人なつっこく話しかけてくるような人物は、大体がこの性格の持ち主である。

☆粘着性性格

コチコチの真面目人間。几帳面で一〇〇パーセント完全主義者。したがって融通が利かないし、冗談も通じない。

このタイプの人と上手な対人関係を保っていくのはなかなかむずかしいものだ。うっかり冗談をいうと、笑ってくれるどころか、不快な表情になったり、ひどいときには怒り出してしまうことがある。

それから話がくどいのも粘着性の特徴である。

たとえば「昨日はどちらにいらっしゃいましたか?」という質問をしたとする。「昨日は○○にいました。東京は雨だったのにむこうはいい天気でしたよ」程度が通常の会話だろう。ところが、粘着性の人となると、いつ出発して、どこの宿に泊まって、仕事はどうで、会議には何人ぐらい出席して、暑くて気温が三〇度にも上がって……と、えんえんとしゃべり続ける。

つまり、質問に対するポイントをつかんでの返事ができないわけである。私は、これを〝在来線〟と呼んでいる。というのは、新幹線がトンネルや鉄橋などを使って目的地にむかって一直線に走るのに対し、在来線は、あちこちに迂回しながら進むからだ。

これを、精神医学上では迂遠という言葉で呼ぶが、粘着性の人は、考え、思考、ならびに言語が非常に迂遠であって、回りくどい。そのうえ、話し方もスローモー。忙しいときなどには、イライラさせられる相手となる。

また、このタイプの人は、大変礼儀正しい。おじぎひとつにしても、堅苦しいほど礼儀正しく、きゅうくつな感じがするほどである。また、我慢強いが、あるところまでいくと大爆発をする。かんしゃく持ちで怒りっぽい性格だともいえる。

そして、粘着性という言葉が示すように、ネチネチと非常に執念深い。

この執着が別の方向に向かうと、たとえば学問や研究などにふり向けられたときには、すばらしい成果が期待できる。学者なら、ノーベル賞をもらえるような研究を手がけるのは、この粘着性タイプの人だろう。

粘着性性格といえば思い出すのは『嘆きの天使』という映画である。この映画も『会議は踊る』『狂乱のモンテカルロ』などとともに私の青春期をいろどるドイツ映画だ。

スタンバーク監督、主演は重厚な性格俳優エミール・ヤニングス、そしてディートリッヒだ。

スタンバークとディートリッヒはこの映画をつくった後アメリカへ渡り、かの名画、ゲーリー・クーパー、ディートリッヒの『モロッコ』を制作することになる。

さて、この『嘆きの天使』は多分昭和四、五年頃の作品と思うが、あら筋は、コチコチのマジメ人間のヤニングスがディートリッヒふんする妖艶な歌姫の色香に迷い、教師としての一生を台無しにするというストーリーだ。

私が今になってスタンバークを名監督と思うのは、高校教師ヤニングスのマジメ人間、つまり粘着性性格をえがくのに、書物数冊を抱えて教室に入ってきて、それを教壇の上に置き、その後両手をつかって、その書物をキチンと直角的に直す場面をやらせたことだ。このちょっとしたしぐさで、ヤニングスの粘着性をみごとにえがききったと思う。NHKの「名画劇場」で、この映画をやったとき、私はゲストによばれて、この点を強調した。

☆自己顕示性性格

別名ヒステリー性格ともいう。

ヒステリーといっても、いわゆる神経症のひとつであるヒステリーのことではなくて、自己顕示欲の強い、自己中心的な性格をこう呼ぶ。ヨーロッパなどでは、これをヒステリー性格といっているが、日本ではどうも言葉のイメージが悪いため、自己顕示という名に置きかえているのである。

このタイプの人は、少しでも自分を他人によく見てもらいたいと、いつも自分を売り込んでいる。したがって、表情から態度から、すべて華やかだ。舞台の上の女優のように、ドラマチックに自分を演じて見せている人だといっていいだろう。

それだけに、プライドが高く、かつ負けず嫌いである。いつも自分のほうが人より優位に立っていないと気がすまない。数人で談笑しているときでも、そのなかで自分がいちばん人気者であって、しかもいちばんチヤホヤされていないと満足できないから、いつも自分がイニシアチブをとろうとする。人を押さえつけてでもトップになろうという、ある意味で嫌らしい性格である。

しかし、これは大事なことで、自己顕示性の性格がないと、人はみじめな状況に陥ったとき、再起することができない。人に負けたくないというプライドがあるからこそ、自分の置かれた状況が口惜しくて、負けてなるものかと必死になってはい上がってくるのだ。

人間の向上心の根底には、このヒステリー性格があるのである。

ところで、女性の専売特許のようにいわれているヒステリーという病気は、ヒステリー性格の持ち主がかかりやすい。ヒステリー性格がもっとも強烈な形で表れたものが、ヒステリーだといっていいだろう。つまり、この病気は高すぎるプライドが原因である。

人に負けるくらいなら死んでしまったほうがいいというほどに自尊心の高い人たちが、ヒステリーという病気を起こしている。

このタイプの人たちは、自分がその場での王様、女王様でいる限りは、とてもチャーミングな存在となって周囲の人々を楽しませてくれる。彼らと利害関係なしにつき合っていく分には、とてもすてきな友人といえるだろう。

ところが、利害関係ができると、こちらはそうと意識しなくても、敵対関係になってしまう。はっきりと不快感を表したり、あるいは陰で人を陥れるような中傷をしたりしかねない。敵に回したら、これは相当に恐ろしい相手となるおそれがある。

こういう性格の人とうまくつき合う方法は、常に相手をたて、おだて、下手《したて》下手《したて》と出ていればよい。そういう状況下におけば、この性格者はゴキゲンである。

☆神経質性格

文字通り、神経質な性格の人間。ひとつのことが頭にこびりついて離れない。他人の視線やうわさ、自分の健康など、あらゆることが気になって、いつもクヨクヨ思い悩んでいる。そして、同じことを何度も繰り返して、なかなか前進できないところがある。

要するにネクラ人間なのだ。決して明るくなく、常に何かを心配している。

このタイプの人は、体質的にもかなり敏感で、カミナリが鳴るのを前から予言したり、朝から頭が重いから今日は雨になるとか、天気予報までやってしまう人が多い。自律神経が非常に過敏であるためだ。

このように敏感に外界を肌に鋭く感じる過敏な体質は、とくに芸術家には必要な要素であるかもしれない。

どんな人かを見抜く

役者は五分で相手の性格を読む

初対面で相手を見抜くことの大切さについて、森繁久彌さんは次のようにいっていた。

「私ども役者は、初めての人と五分間接して、相手の性格が読み取れなかったら、役者としての可能性は乏しいといわなければなりません。接するということは、その人の言葉、話の内容だけではなく、顔も見ているし、瞳も見ているし、その人の挙措動作も見ているわけでしょ。それらをじっとにらみつけて洞察するというのは役者の仕事のなかでも、きわめて大切なもののひとつですョ」と彼はいう。

確かに、創作の世界、虚構の世界をつくりあげるには、相手の性格を確実に見抜かなければならないだろう。せりふやしぐさの、たったひとつの行き違いで、すべてがぶちこわしになってしまうからだ。

観客と役者の関係も、常に初対面である。舞台に「出」ることは、何百人もの初対面の人と会うのだ。

「出」がいい役者というのは、舞台の袖からパッと出て、初めの一分間のうちに、観客のすべてを催眠術にかけてしまうのだ、と森繁さんはいう。催眠術にかけられた観客は、役者がどんなくさい芝居をしようが、それに見惚れてしまうということだ。

そんな森繁さんが、初対面でもっとも印象深かった人として、俳優の山茶花究さんのことを話してくれた。

「とにかく不思議な男でネ。友だちが一人もいないというような奴。初めて会ったのが昭和十二年の頃だネ。決して人様に誇れるような顔じゃない。カメレオンのような顔つきで、しかも人当りもよくない。仲間がみんな、さけて通るというような男だった」

しかし、森繁さんは、「何かいいものを持っている男だ」と感じて彼を酒にさそった。

初めてのことである。

「カメレオン」と酒を飲んだ森繁久彌さんの話

彼の行きつけの店だったので、彼が座ると店のオヤジが黙ってコップ一杯の酒を注ぐ。

森繁さんにはお銚子一本とおチョコひとつを置く。山茶花究さんはグイとコップ酒をあおる。

森繁さんが気軽に何か話しかけようとすると「黙れッ！」という。

彼はカチンときた。

「俺はお前と友だちになろうとして飲んでいるのに、『黙れッ』とは何だ」

「シーッ、シーッ。ものをいうな」

森繁さんは、みんながいう通りイヤな奴だなと思った。これでは友だちがいないのも、不思議ではないナと思った。

五、六分たった。

森繁さんは再びいった。

「お前はいったいどういう男だ」

「酒を一杯グーッと飲むでしょう。すると五臓六腑に浸み渡っていく。五感が弛緩して、身体がけだるくなる。酒の第一番の醍醐味ですョ。だから、まさにその瞬間に、誰かに何かいいかけられると、無性に腹が立つ。俺の世界で一杯を飲ませてほしいんです」

と、うまそうにその一杯を飲み干した後、彼は話し始めた。

なるほど、と森繁さんは思った。こういう奴に限って、何事にも一家言を持っているのだ、と相手の性格を見抜き、以後、彼が死ぬまで、ずっとつき合いが続いたという。

初めの五分が肝心なのだ。その五分を有益に使うか否かが、初対面でうまくいくかどうかの鍵を握っている。

相手のしぐさ、顔つきをうまく観察しよう

初対面というのは、たいていきわめて短い時間だが、その限られた条件のなかで、相手の性格を見抜くには、相手の顔つき、そして所作、しぐさなどをよく観察しながら、対話をしなければならない。

相手の性格を見抜くということは、人間関係をスムーズに維持していくために、ま

ずわれわれがしなければならない大切な第一歩なのだ。

新入社員研修の講演を頼まれると、私はまっ先に「君たちが最初にすべきことは、まず上司の性格を見抜くこと。これをまずいちばん最初にやりなさい」としゃべる。それができたら、次は同僚の性格を見抜く努力をすることだ。

性格を知るためには一杯飲むことも必要だろうし、とにかく接触を重ねるうちに、だんだんと相手が分かってくる。

性格を見きわめるうえで、まず相手の顔つきに注目しよう。しかしこの〝顔つき〟というのは、分析が非常にむずかしい。顔つきを表現するうまい言葉がないからだ。精神科では顔つきを診断に役立たせようという「顔貌診断」というのがあるが、これは精神科医の経験に頼る面が多く、かなり主観が入りこむという難点がある。

精神医学の教科書でも、次のような平易な言葉しか使われていない。

まず、かたい顔つきとか、表情に乏しい、無表情とか、浮かぬ顔とか、悲しそうな顔とか、その反対に嬉しくて嬉しくてしかたない顔とか、表情豊かとか、あるいは憂うつな顔つきとかだ。

しかし、憂うつとひとくちにいっても、ピンとこない。現実にこの目で見なくてはどういうものか分からない。見ない人にちゃんと理解させるのは、いかに立派な文豪の文章でもどだい無理なことではないだろうか。

比較的分かりやすいのは、眉間にシワを寄せている表情。生まれつき眉間にシワのある人は別として、ふつう眉間のシワは、思索をしているときの表情。

ヒットラーはこの〝思索の表情〟を演出するために、写真を撮るときはいつも眉間にシワを寄せて撮らせていたのだ。自分を思索型の人間、ひとつのことに深く没入していくタイプの人間だと、強烈に印象づけるためにこういう演出をしたのだ。

これはヒットラーばかりではない。王や皇帝や芸術家等々、欧米人の肖像を見ると、割にこういうタイプ、額にシワを寄せている人が多い。これはかなり意図的にやっている。ピリッと引き締まったところを見せようとする意図であろう。

われわれ自身も、ひとつのことを一刻も早く結論を出そうというときには、ひとつの思考を一点に集中するために自然に顔にシワを寄せるようになる。しかし、常時額にシワを寄せている人、たとえば落語を聞いているときにも、額にシワを寄せているという人は、あまり融通の利かないお堅い人間と見ていい。

このような予備知識を持って初対面の相手に接する。そして、次には会話を交わすという段取りになる。

こちらの言うことにどんな反応をするか

会話をしながらも、相手をじっくり観察する。

会話をした場合に、顔つきがぜんぜん変わらない人。愉快な話題を持ち出しても、おもしろい話をしても、ニコリともしない、表情ひとつ変わらないというのは、感動の少ない人である。

極端な場合には、統合失調症という病気の症状として現れる。統合失調症という病気は、感情が鈍麻し、意思の力が弱くなるのが中心症状である。

したがって、周囲に対してまったく関心を持たない。反応も示さない。この病気の顔貌は無表情、表情に乏しい、しかも堅いといわれるゆえんである。そして眉間にシワを寄せるケースがしばしばあるのである。

顔つき診断の第一歩は、こちらがいうことに対して相手がどう反応するかで、融通の利く人か、融通の利かない人かを見きわめることだ。

相槌の打ち方も、重要な要素となる。

相槌をうまく打てる人は、まず聞き上手といっていいだろう。聞き上手の人は総じて社交型と見ていい。反対に、すぐに「いや、あなたのいうことはまちがっている」といきなり否定したりする人。これは融通の利かない人と見ていい。

さらに、こちらが一言いうと、十の言葉を返してくる人。こういう人は、少し躁的で、しかも自尊心の強すぎる人。聞き上手とは決していえない。こちらにしゃべるいとまを与えないで、一言いうと、その何倍かの量のおしゃべりをする。

こういう人も結論からいうと、全体を見通しできない人だ。自分だけをひけらかす、自己顕示型といえる。病気でいえば、躁状態、躁的な人といえよう。

また、別のタイプの人は、相手を喜ばせようとしてやたらにジョークをとばす。しかしそのジョークがその場にそぐわずに、またやりすぎてジョークがジョークでなくなってしまう人もある。

さらに、相手を喜ばせようと思っていったジョークに対して、あからさまに不快感を表わしたり、さらにひどいときには怒り出す人もいるのだから世の中はむずかしい。

こういう人は粘着質の人に多い。コチコチの真面目人間。几帳面で、一〇〇パーセント完全主義で、融通が利かない、冗談が分からない、趣味もないといった人である。

このように、初対面での会話、観察で、相手の性格がかなりのところまでつかめる可能性がある。相手の性格の基本的なところをしっかりとおさえておけば、それ以後、いろいろな判断のもとに性格の肉づけをしても、大きくあやまることはないだろう。

顔を合わせた瞬間が勝負である

〝一目惚れ〟という言葉があるように、ファースト・インプレッションというのは、きわめて重要である。男女の間はもちろんだが、ビジネスの出会い、社交の出会いでも、これは同じことだ。

科学的に解明されているわけではないが、人は相手の性格については、ほぼ七〇パーセントくらいを初対面のときに判断してしまうようだ。自分がどう思われるか、相手が自分をどう思うかの勝負は、顔を合わせた瞬間に決まってしまうといっていいだろ。

瞬間のやりとりには、あらゆることが判断の材料となる。体型はもちろん、服装、視線、言葉づかい、歩き方、座り方、笑い方、身ぶり、手ぶり……。

すべてが判断の材料となるから、勝負は真剣である。寸分の油断も許されない。瞬時の判断で相手を見抜いたほうが、初対面の対話をリードすることができるのである。

そして、相手を正しく見抜く基礎となるのは、やはり経験である。タレントとか司会者、地位の高いビジネスマンや政治家、そしてその秘書など、初めて人に接する機会の多い人ほど、人を見抜く目を持っている。自分で経験を積むことと同時に、そうした〝見抜き上手〟の人のノウハウに耳をかたむけることも大切である。

「隠れた性格」を見逃すな

もちろん、こうした性格判断は一般論なので、個々の人にあてはめるには、それなりの軌道修正も必要であることは言をまたない。

また、一言に性格といっても、もって生まれた本質的な性格のみをその人間が表現するとは限らない。べつに環境から形成された後天的なものがあることも頭に入れておかねばならない。

少年少女、若者などの場合、甘やかしによって逃避型、引っこみ思案、内弁慶的な人となり、拒否型の親によって攻撃的な人間が後天的につくり出されることも忘れてはならない。

またマザー・コンプレックス、ファーザー・コンプレックスで、精神的離乳のできない人間ができ上がることもある。こういう性格は表面的なもので、真の性格をおおいかくすから、そういった点も考慮に入れて対処しないと失敗する。

そういう一時的な仮面をかぶった状況を見て、相手をそういう人間と決めつけることは危険であるし、そう決めつけられた相手もかわいそうだ。

しかし、そうかといって「眼光紙背に徹する」エックス線のような能力を一般人に要求するのは無理というものだろうが、そういう気持ちだけは失わないで「人を観る」ことが大切である。

座り方から観察を始める

初対面で相手を見抜くには、相手の顔つき、そして会話、次に大切なのはしぐさの観察である。

人間のしぐさには、実に多くの意味がふくまれている。そのなかには無意識のうちにする生理的なしぐさと、生活のなかでおぼえた、つまり学習によって会得したしぐさとがある。

学習によるしぐさの場合は、民族、人種、習慣、文明《カルチャー》のちがいによって、異なった意味を持っていることが少なくない。

人の心理を表すしぐさの多くは、生来的の、無意識下に発するものなので、万国共通のものといえよう。

たとえば目の前に人が座る。その座り方ひとつから、私は観察を始める。

アントン・チェーホフの『日記』という芝居を観た。この芝居にはチェーホフ自身が出てくるが、その役を、やや肥満型の鈴木瑞穂さんが演じて、その妹役を高田敏江さんがやった。

チェーホフという人はからだつきは細長型、性格は内閉的で、気の小さい人、そして真面目人間だったようだ。鈴木さんはイスに座るときに、足の先とひざをぴしっとそろえて座ってその性格を表現した。まさにチェーホフの性格をぴったり表した座り方だった。さらに、その座り方によって、不思議なことにチェーホフ役の鈴木瑞穂さんのからだが細く見えてきた。

もしチェーホフが豪放磊落で、同調性の強い人だったら、決してこうは座らないだろう。足の先もひざもひらいて座るはずだ。

そのもっとも典型的なのが日本の侍。必ずひらいて威張って座る。これはべつに性格とは関係なく、ながい間につちかわれた侍社会のいわば風習であり、ルールである。政治家なども、ひらいて座る人が多いようだ。足やひざをくっつけて、つまさきをそろえて座ると、見るからに真面目でおとなしく見えてしまう。

チェーホフを演じた鈴木瑞穂さんは、この座り方ひとつで、いかにも小心、几帳面、神経質といった内向的な性格を表現したのである。

酒の飲み方、食事の仕方であらわになるこの性格

酒の飲み方でも性格がある程度分かるかもしれない。

粘着性の人は、きれいに最後の一滴まで飲み干してしまうだろう。これは酒の好き嫌いとは関係ない。つまり残すことができない性格なのだ。ついだら、きれいにしないと気がすまない。だから、銚子を林立させて、みんなそれぞれ少しずつ残っているというような飲み方はできないのだ。一本がきれいにカラになったら次に移るという酒の飲み方をする。

要するにだらしないことが嫌いで、きちっとしないと気がすまないのだ。

この性格は、なかなか良い性格ではあるが、反面、ウツになりやすいというマイナスがある。現代人のウツ病者はほとんどが粘着性の人であるといいうる。そういう意味でこの性格にはプラスとマイナスがある。

粘着性には趣味のない人も多く、したがって老化も早くくるおそれが多い。

しかし、日本人はどうやら、この粘着性が好きなようだ。真面目で、几帳面というのは、日本人にとっていちばん高く評価される性格である。そういう人間の評判がいい。日本人とはウマが合うのだ。

「たおれてのちやむ」「勝ちてしやまん」「最後の一兵まで」「玉砕」――いずれも日本人好みの言葉だ。まだまだ正しい「休養」にも罪悪感を感じる人が多いようだ。

タバコの吸い方もいい例だ。

粘着性、自己顕示、同調性などの性格があらわになる。

粘着性の人は、やはり最後まできちっと吸う。ぜいたくな吸い方はしない。

同調性、外向性の人は、一本をちょっと吸って、パッと捨てる。そして次のをまた吸う。

食事の仕方も同じだ。

粘着性の人は端からきれいに食べていく。あっちに手をつけ、こっちに手をつけということはしない。ひとつの皿を完全に平らげてからでないと、次の皿には移らないという人も多い。和食でも、まるで西洋料理のコースのように、一皿ずつ順ぐりに食べていくわけだ。

その反対が自己顕示型の人。非常に気まぐれで、絶えずあちこちに目のいく人。いわゆる気の多い人だ。こういう人が西洋料理のフルコースを食べると、ボーイを困らせることになる。皆がひとつの料理を食べ終わらないと次のコースに進めないのに、他人の迷惑には目もくれずにしゃべっているというタイプだからだ。

もっとも食事の仕方に精神病が影響を与えることもあるから話はむずかしい。

人間は「共食動物」だという。他人といっしょに団らんしながら、食事を共にするのは人間だけだといわれる。ところが、たとえば統合失調症が重くなると、他人といっしょに食べないで、一人ぼっちで食事をするようになることがある。そして病気が軽快してくると、皆といっしょに食べるようになる。

同じ病気の人で、米の飯だけをきれいに平らげ、次に味噌汁のみをきれいに飲み、それから香の物を全部食べ、次に……といった変わった食べ方をするケースが報告されたこともある。

車の運転に表れた危険信号

しぐさばかりでなく、その人の持っている小物でも、性格を見抜くことができる。

ボールペンひとつ選ぶにも、粘着性の人はちゃんと中身のインクが見えるものを選ぶ。見えないと、インクがどのくらい減ったのか分からない、それが気になって仕方ないからだ。無意識のうちに、インクがはっきり見えるものをセレクトしている。

また、粘着性の人は清潔好きでもある。机でも、筆記具でもメガネでも、しょっちゅうふいている。少しでも汚れがあると、気になって仕方がない。話をしていても、考えごとをしていても、手を動かして、汚れをとっている。また机の上に物を置くのもキチンと直角的に置くであろう。

ずっと前のこと、私はある運転手の運転する車に乗った。車のスピードが早くなったり、遅くなったり、とにかくスムーズに走行しないことに気がついた。変だと思って彼の足元をのぞくと、アクセルの上で彼の足が上下している。つまり、彼の足がアクセルを踏んだり、はなしたりしているのだ。これではスピードが早くなったり、遅くなったりするわけだ。

　私はとっさに「この人は、運転という職業には向いていないのではないか」と考えた。心がたえずイライラしているのだ。車間距離もつめすぎたり、あけすぎたり、スピードも早すぎたり、遅すぎたりなのだ。

　しばらく様子を見ていると、やはり私の判断がまちがっていないことが分かった。すぐにカッとなって「ナニをー」と怒る。すぐに他人とケンカをする。乗客を大事にし、サービスするということで、懸命に仕事をするという彼の心情は分かるが、どう考えても、イライラの度合いが強すぎる。

　そのうちとうとう、私たち一家全員が乗っているときに、一時停止の交差点を停まらないで突っ走って、他車とぶつかってしまった。幸いに一同みなケガはなかったが、私は「果たせるかな」と思った。

　間もなく、彼は自ら仕事からはなれていった。やっと「自ら」に気がついたのだろうが、すでに手遅れであった。

　クルマの運転の仕方ひとつにも、その人の性格が実によく表れていて、まことに興味深いものだ。

融通が利かない人の通る〝ケモノミチ〟

たとえば、粘着性で、内閉性で生まじめ、小心の人間だと、融通が利かない。そういう人間の通る道を〝ケモノミチ〟といっていいかもしれない。いつも同じ道しか通らないという意味だ。

融通が利かないから、いつも通る道がいくら混んでいようと、そこしか通らない。他の道が空いていると思ったら、そっちへ回るのが普通なのに、まずそういうことはしない。大規模なデモがあろうが、外国の元首が来ていようが、決して融通を利かせることをしない。

その逆もある。気が小さいために、ちょっとでも渋滞していると、サッと曲がって裏道に入る。しかし、表道が混んでいるときには、裏道も混んでいるのが普通だから、曲がることによって早く着くことはめったにない。しかしそういうことを考えてみもしないで裏道に入る。

そのあげく、道に迷って二進《にっち》も三進《さっち》も行かなくなったり、あいにく清掃車がいて、悠々とゴミを集めており、ながい時間待たされるということにもなる。待つのなら、大きい道で待っていても、同じことだ。

これは電車などが事故で運転休止になったりしたときも同じだ。

復旧の見通しが立っていないとき、すぐに行動を起こして別のルートをとる人がいる。動いているルートに人が殺到するのは当たり前だから、大混雑になる。多勢の人が待っていたりして、思うように乗れない。そうこうしているうちに、事故処理が終わって、元の電車の運行が復旧することもある。

そして反対に、止まっている電車のなかで、復旧するのをじっと待っている人もいる。

この場合は、豪放で太っ腹の人と、どう対処していいか、なかなか結論がでない、決断力の弱い人が頭に浮かぶ。

しかし、あまり小手先が利きすぎて失敗することもある。あまり気が利きすぎて、後で後悔することもある。

先年、仙台である団体の大会が開かれて講演をたのまれた。まだ新幹線は開通しない頃で、私は飛行機を希望したが、先方は会場が駅の真前だから汽車で来てくれといった。

上野を発車して間もなく、先行の列車が故障して、こちらの列車もとまってしまった。のろのろと走ったり、とまったりしながら、やっと宇都宮に着いたときに、はや約束の時間の三時になってしまった。いくら焦っても仕方がないから、私は勝手にしやがれという気持ちで成りゆきに任せて、じっと車室に座っていた。

列車が福島に着いた頃、上りの東京行きがすれちがった。私は翌日、よんどころない仕事を東京にかかえていたから、その日どうしても帰京しなければならない。上りの列車を見たとたん、私の気持ちはぐらついた。

今から仙台に行っても、とうに会は散会しているだろう。列車の大幅遅延は明らかなことだから、現地では私の不参をあきらめているだろう。この福島で上りに乗りかえれば、悠々と東京へもどることができる。しかし、だが待てよとその考えに反対する心もある。大いに迷ったが、結局私は座席に座り続けた。

仙台に着いたのは七時だった。

ところが驚いたことに、会の係の人が駅で私を待っていて直ちに会場へつれていかれた。さらに驚いたことに、かなりの人数がまだ私を待っていた。そして司会者の指図でなんと一五分間の史上最短（？）の講演をして、再び駅にとってかえして、東京行きの終列車にとび乗ることができたのだ。

私がお先走りをして福島でとってかえしたら、先方にもっと大きな迷惑をかけるところだった。じっとガマンしていたのがよかったのだ。

後日譚がある。一五分の講演ではあまりに申しわけなく、良心が許さないので、翌年同じ会に私は再びでかけて、今度はゆっくり講演をしてきたことをつけ加えよう。

「お先走りはソンをする」

数年前、オーストラリアのシドニーへとび、そこで乗りかえて、ニュージーランドのクライストチャーチに行く用事があった。

同行者が二人いた。飛行機に乗って初めて、シドニーのエアポート・ストライキが発生したことを知った。飛行機はシドニーにおりられないで、行き先を変更して、メルボルンに着いた。

メルボルンでクライストチャーチ行きの接続便をつかまえることができるかどうか心配で、ターミナルの廊下を歩く足も急ぎがちであった。

なにしろ、ニュージーランドへ行く客は全部ここに集中するのだから、私の心は不安でいっぱいだった。しかし案ずるより生むが易し、クライストチャーチ行きはうまくとれた。

ゲートは大勢の客でたてこんでいて、しかも自由席である。次は、自分の好みの席にいかに座るかの「工作」が私をかきたてた。

だが永年の「修練」で、私はかなり早く好きな席の窓際に座ることができた。同行のA君は多勢の客のなかでウロウロしているうちに座るべき席がなくなってしまった。それではこちらへという風情でスチュワーデスがA君を機の前方へ連れ去り、それきりA君の姿は見えなくなった。

無事クライストチャーチに到着すると、A君はたいへんなゴキゲンで、明らかにご酩酊の様子だ。聞けば連れていかれたのがファースト・クラスで、しかもサービスも完全なファースト・クラス。酒はのみ放題、彼はシャンペンなどをタダで鯨飲したらしい。

そのとき、私の頭にうかんだ諺。「お先走りはソンをする」

「無表情」にも二つの種類がある

初対面でいちばん困るのは、無表情な人だ。

日本人はもともと西欧人にくらべて表情に乏しいが、とりつくしまもない無表情というのもある。

無表情とひとくちにいっても、性格からくる無表情と、病気からくる無表情がある。そのどちらかということを、会話によって確かめなければならない。

話の内容を変えてみる、話の切り出し方を変えてみる、しゃべり方を変えてみるなどして、反応の仕方を見るやり方だ。

病気からくる無表情には、ふたつの可能性がある。ひとつは統合失調症によるもの、もうひとつはパーキンソン症候群である。

統合失調症は前に述べたので、パーキンソン病を説明しておこう。

パーキンソン症候群の原因はいろいろある。体質的なもの、つまり素質からくるもの、そして薬の副作用として出るものもある。あるいは脳溢血で脳内出血をしたり、極端な例をあげると、弾丸で頭の一部に損傷を受けると起こることもある。もっとも多いのは、年配になってからの、動脈硬化によるものだ。

パーキンソン病の主な症状が無表情である。これをわれわれは〝能面型〟と呼んでいる。お能の面のように無表情だということだ。

パーキンソン症候群の場合はそれに加えて、顔がテカテカにひかる。顔にあぶらが浮いて、あぶら顔になる。さらにもうひとつ、手指がふるえる、さながら手先で丸薬をこねるような震え方をするのも特徴で、この三つがそろっていれば、パーキンソン症候群にまちがいない。

パーキンソン症候群には、もちろん良く効く薬があるから心配はない。ただ、無表情といっても、このように病気からくるものもあるのを忘れてはならないのだ。

ホンネを見せるスキを見逃さない

さて、無表情とか、相槌を打たない人に対応するときに、もうひとつ注意しなければいけないのは、その人の立場による無表情である。

これは地位の高い人とか、重大な決定権を持っている人などに見られる。

いちばんいい例が政治家である。それも大臣にまでなるような政治家の場合、意識して反応を示さない訓練をつんでいる人がいる。下手な一言で、後でとりかえしのつかなくなることがあるからだ。

私の場合も、いろいろな組織で、会長など責任の重い役をまかせられると、むかしよりも無口、無反応の傾向がでているように思う。

こういう相手に口をひらかせる、心をひらかせるには、要するに相手をいい気持ちにさせ、心の警戒心を解きほぐす以外にない。

「この仕事はあなたにしかできない」

「この件はあなたにしかお願いできない」と相手をほめあげ、相手をおだてるということだ。これはひろい世界に共通のテクニックではあるまいか。

ただ、日本人の場合、あまりほめすぎないように注意しないと、ワザとらしさが目立った場合は逆効果になる。

もうひとつ、あまり単刀直入に話の本題に入らないことだ。西欧人に対しては、すぐにビジネスの話に入ってもいいが、日本人の場合、世間話とか社会のいろいろなニュースの話などから次第に核心に入っていき、相手をたんたんと自分に近づけていくというやり方が無難だろう。

とりつくしまもない無表情の人にも、その原因が病気でない限り、必ずどこかにホンネを見せるスキがあるはずだ。そのスキを決して見逃がさないようにしてアプローチをすれば、必ず心の鍵をひらくことができるだろう。

そのためにも、できる限りいろいろな話題を豊富に持ち、しかもいろいろな話の切り出し方、いろいろなしゃべり方を身につけることが必要である。

要は、その場に、その環境に、その雰囲気に適合した対応の仕方を会得することを心がけることだ。

自己主張が強く、そのため上司や同僚と合わずに、職業を転々と変えている人がいる。数えきれないほど入社試験を受けているから、その方面のベテランだ。

その人に聞くと、近頃は会社の多くが筆記試験より面接を重視するようになり、ときに一時間も面接をするところがあるという。一時間も面接されれば、人間はすっかり分かってしまいますよとその人は笑った。

第5章

異性をひきつける言葉の魔術

印象を良くする出会い、悪くする出会い

初対面の異性に良い印象を与えるか否かのひとつのキーポイントは、ちょっとした〝しぐさ〟にある。

自分では意識しないままに、ふと示してしまったしぐさ。そのときの心理状態や本性がはっきりとその場に表れてしまうものだけに、恐ろしい。場合によっては、相手に生理的嫌悪感を感じさせてしまうこともある。

いろいろのケースを分析してみよう。

急激な接近はタブーである

初対面の異性にはあまり接近してはならない。診察室で向かい合って座っているとき、やたらに近づいてくる人がいる。いちいち自分のイスを、私のすぐ前まで持ってきて座る男性がいる。これは男の私でもいささか気味が悪い。

こうした動作をする人にはふたつの性格がある。ひとつは、自己顕示的なヒステリ

ー性格で、もうひとつは、粘着性性格だ。いずれにしても、不必要に接近してくる相手は、うす気味悪いし、少なくともカラッとした感じを相手に与えない。

初対面で、やたらベタベタと近づいてくる男性に惹かれる女性は少ないだろう。決して親近感の表れだとは解釈してくれないはずだ。

接触欲というのは誰にでもある。しかし、これは性行動の第一歩であるから、初めからあからさまにそれを示すと、出会いの印象を悪くしてしまう。ちょっとしたしぐさだから、とバカにしないで十分に注意したいものだ。

悪口は自分の人格をもいやしめる

吉行和子さんには何度も登場してもらってまことに申しわけないが、もうちょっとおつき合いねがいたい。

彼女は、初対面のとき受けたインプレッションを、その後のつき合いを通じ相手への理解を深めていくなかで、ひとつひとつ確認していくのが楽しいといっている。あのとき、こんな感じを受けたけれど、これはこうした性格の表れだったのか、という具合に、パズルを解くように楽しんでいるのだそうだ。

彼女は女優であるだけに、人一倍鋭い感性の持ち主だ。最初の出会いで、相手の性格や人となりを示すいろいろなシグナルを、敏感にキャッチし、感じとっているに違いない。

彼女はさらにいう。

「初めて会ったときに、自分の好みに何もかもがぴったりの外見で気に入った相手がいた。ただ、その人間のしゃべり方、声の出し方が何か耳障りで気になった。そして何年か友だちづき合いをしたのち、最終的に相手は、非常なウソつきで、かなりの被害を受けるハメになった。

最初に会って耳障りだったあの声は、ウソをついているからストレートにこちらの心に入ってこないしゃべり方になっていたのだ。何かがちょっと気になると、危険信号をキャッチする自分の耳は正直だったと、あとで思った」

しぐさとはいえないが、声の響き、しゃべり方が、相手の受ける印象を左右することもあるのである。

そして、初対面のとき、まず悪印象しか残さない態度の筆頭に挙げられるのが、他人への悪口である。

とくに個人に対する悪口ははなはだ良くない。共通の話題を話しているつもりで、その人の悪口をいう。これもいけない。相手がどこでその人と関係があるか分からないのだから。

また、相手を持ちあげるつもりで、他人の悪口をいうのも避けたほうがいい。

患者のなかに「どこどこの先生にかかったけれど、少しも良くならなかった。斎藤先生ならもっと良く治してくれると思います」という人がいる。おそらくお世辞のつもりなのだろうが、これも感じが悪い。この人は、次にはヨソの病院で私の悪口をいうのではないかと思ってしまうのだ。人の悪口は、自分の人格をもいやしめてしまうおそれがあることを覚えておこう。

人ばかりではない。「これ、まずいわね」とか「ひどい味」といった料理の悪口もいわないほうがいい。結局、あなたという人間を相手が十分に理解していない段階では、いずれにしても悪口は避けるべきなのだ。

素のままの自分を出すことが大切

さて、ここまで、印象を悪くする方法ばかり列挙してきたので、次に印象を良くする出会い方についてふれてみよう。

「私は初めての方とお会いするとき、すごくオープンな気持ちでその方の前にいたいと思うのね。心を開いて素のまんまの自分で。だから、相手の方がどんな状態でいらしたかがわりと見えてくる。最初は、構えとか何だとかいろいろな物をくっつけていらしたのが、段々と溶けてきて、その方の中身が出てくると、ああ、お会いしてよかったなァと思うわけ。最初から最後まで、これと決めた姿勢で話をなさる方だと、壁を取り除くことができなくて、結局は出会わなかったと同じ。つまらないですよね」

またまた「私の好きな女性」の言葉を引用してみた。

心を開いて相手を受けいれる。これがどれだけ第一印象を良くするのか、ここにはっきり語られているではないか。印象を良くする出会い方とは、テクニックもさることながら、自分の心を相手に対して広く開くことなのだと思う。

女性が一目で惹かれる男性とは

かつて世の話題になった本に『シンデレラ・コンプレックス』というものがある。アメリカ人の著書を、私の親しい友人の評論家木村治美さんが翻訳した作品だが、シンデレラ・コンプレックスというのは、要するに、人に頼りたいとか、人に保護されたいという心理のことだ。女性は心の底にこの願望を秘めているのではないか、と著者は指摘しているのである。

ウーマン・リブのおきた国、日本よりずっと女性がたくましく自立しているはずのアメリカ、このアメリカ女性がそうしたことをいっているところがおもしろい。彼女たちですらなにか頼れるものがほしいのだ。ということは、つまり、女性はみな、多かれ少なかれ、シンデレラ・コンプレックス的な要素を持っているということだ。

すると、女性が一目で惹かれる男性像というのも、自ずから浮かんでくるはずである。やはり、自分が寄りかかれる男性、頼りになる男性だということになる。

本当に頼りになるかどうかは、ひと皮むいてみなければ分からないのだが、表面に現れる物理的なものからいえば、いわゆる「男らしい」人間だろう。理想的には、外見的に男らしく、しかも内面的には優しい。それにある程度経済力があるとか、これまでに、あるいはこれから、いい仕事をやりそうだとかの要素も付随してくる。

今、「男らしい」といったが、このごろは一見、男か女か分からない人種がいるから、この「男らしさ」とは、長い人類の歴史でつちかわれた男性の象徴「力強さ」という言葉で、おき換えたほうがいいかもしれない。

強い男性に惹かれる女性の本能

きわめて平凡なことだが、自分より背の高い人というのも、女性の本音だろう。したがって、身長に自信のない男性は、その分を包容力でカバーするしかない、というとどうも救いがないが。

ただし、女性もある年齢に達すると、これが逆になる。母性愛的な気持ちが強くなり、自分がイニシアチブをとれそうなペット的な男性に惹かれるようになってくる。結婚したらアネさん女房となり、自分が支配できるタイプを好む。三十歳をいくつもすぎた女性は、自分で自分の人生を歩んできたわけだから、それも当然といえよう。

もちろん、ただかわいらしいだけではダメで、ちょっと女心をくすぐるような男らしさを合わせ持った雰囲気の男性のタイプだろうか。

次に、女性を惹きつける要素は、あまりしゃべらない、ということだ。「弱い犬ほど吠える」という諺があるが、女性は本能的にこの真理を知っているのかもしれない。

やたらにしゃべったり、大げさな身ぶりをする男性というのは、本当に強い男性だとは決して思われない。

そして、外界に対して反応しすぎることの少ない人、内面に何かを秘めているように見える人、いわゆる〝苦味ばしったいい男〟——今風にいえば〝シブイ〟男性という点に惹かれる女性は多い。

いくら、短・小・軽・薄の時代だとはいえ、軽薄そうな男性はやはりモテないのだ。

男性が一目で惹かれる女性とは

女性がイニシアチブをとってくれる異性に惹かれるとしたら、男性はイニシアチブをとらせてくれる女性に惹かれるのが道理だろう。

自分が「支配」できるような女性、つまり、「カワイイ」女の子。自分に従ってくれて、表面的には優しい女性。シンの強さは必要だけれども、初対面のときからこれが全面に出てしまうと男は警戒する。

そして、自分より背が低いこと（もちろん一般論で、例外はあろう）。最近は価値観が多様化しているから、人によってはまったくちがったタイプの女性に一目で惹かれることもあるかもしれないが、一般的男性の基本的視点は、そう原始時代から変わっていないのではないだろうか。

ただし、社会の第一線で堂々と活動しているような人の場合は、多少ちがうと思う。この場合、非常に若く初々しい感じがする女性か、あるいは、自分に対抗できるような堂々とした女性、このどちらかのタイプかもしれない。

前者の場合は、実業家や芸術家が、まるで親子ほども年齢のちがう女性を妻にしたりするケースがあるのを見れば、よく分かる。

しかし、男女の関係は非常に不可思議なものだ。第三者の介入を許さないものがある。どんなタイプの異性に惹かれるかに、ひとつのセオリーなど、ありはしない。これまで説明してきたことは、あくまで、一般論としての話なのだ。第三者が見て、「あの人のどこがいいんだろう」と思ったとしても、どこがいいのかは当人たちだけにしか分からない。

他人のうかがいしれない神秘的なものが、男女関係にはあることを、あえて強調しておきたい。

先日、韓国から土産を買ってきた。

雌雄ひとつがいのカモの置き物だ。おもしろいことに、雌のほうのクチバシはきれいなヒモで結ばれている。

韓国の典型的な結婚式には、机上に白い布で包んだ生きたカモ（ニワトリも使う）をのせる。そして雌のクチバシをヒモで結んである。これが何を意味するかは賢明な読者にはお分かりだろう。

この土産物はむろん、わが女房のために買ってきたものなのだ。

この結婚式の模様は、ソウルの民俗博物館に模型で展示されているが、これを見た外人観光客はみなハラを抱えて笑っている。

世界どこにも通じる共通の「真理」だという証拠だ。

男女の会話の間のとり方

男性と女性の会話の間を、適当にとりもつもののひとつに、ジョークがある。

どうも日本人の会話にはジョークが少ないが、初めて会った男女がリラックスした雰囲気でしゃべれるようになるためにも、しゃれたジョークはうってつけだと思う。

ただし、言葉のゴロ合わせめいたダジャレを連発するのは考えもの。生真面目な性格の人はダジャレについていけず、重荷に感じてしまうことがあるからだ。シャレをいうときは、相手を見て判断しよう。明るくて、社交的タイプの相手だったら、どんどんジョークを発して楽しい雰囲気をつくることをすすめたい。

これまで何度も繰り返してきたことだが、人と人との親しい関係をつくるためには、まず共通の話題が必要だろう。男女関係に限らず、親子、兄弟、上司と部下など、あらゆる人間関係に共通していえることである。

だから、相手が興味がありそうな話題には、ある程度同調するような心づかいを忘れてはならない。

たとえば、男性がプロ野球の話を始めたとする。女性は野球が分からなくても、ある程度調子を合わせて、自分の知っていることには相槌を打つ。あるいは、ルールやプレイヤーなど分からない部分について自分から質問をして教えてもらう。

もし、一緒にテレビを見ているなら、「おしい！」とか「また、フォアボール？」とか、ちょっとした言葉をさしはさんで同調する。こうした共通の話題が、人をぐっと近づける。

男性側も、女性のおしゃべりに適度に調子を合わせる必要があるのはもちろんだ。売れっ子のファッションデザイナーの名くらいは、知っておきたい。

女心のつかみ方、男心のつかみ方

女性を釘づけにする〝茂太流交際術〟

ほめあげること、おだてること、これは、初対面の人の心をしっかりつかむ方法として、どんな相手に対しても効果を発揮する。おだては、対人関係における一種の秘薬といってもいいだろう。

これに加えて、女性に相対する場合は、「オレについて来い」というような強さと、ちらちらと見えかくれする、あたたかさにみちた優しさも忘れてはならない。

この三つがうまくバランスをとって前面に出てきたとき、女性の心を魅了することができる。

具体的には、ちょっと女性の心をくすぐるような言葉――心がほのぼのと暖かくなる優しさにあふれ、しかも基本的には、男らしい力強さを持った言葉――が必要だろうと思う。それは、何も「あなたはこの世の太陽だ」とか、「あなたのいない人生は暗黒だ」などといった、イタリア男性の得意とする言葉でなくてもいい。しゃべっているあなた自身が気恥ずかしくなるような表現でなくてもいい。そのときの情況や、その時代の空気にぴったりマッチしたものであれば、どんな言葉だっていいのだ。

私が結婚したのは昭和十八年の秋。

戦争は敗戦へと傾きかけていた頃だったが、結婚前に、今の女房にあててこんな手紙を書いた。「配給量だけは食べてくれたまえ」と。

今の若い人たちには何のことやら分からないだろうが、当時は食糧事情がきびしく、食糧はすでに配給制になっていた。一家族一日何グラムというように決まっていたが、とても満足できる量ではない。みんないつもお腹をすかしていた。

そこで、「配給量だけは食べてくれたまえ」。彼女は、優しくて気が小さくて、自分が少ししか食べないで我慢して、他の人にまわしたりする女性、ちょっと自己犠牲的なところがある女性だと私はにらんでいたからだ。自分の健康のために、ちゃんと国家の配給してくれた分だけは食べてほしいと、伝えたわけだ。

私のノロケ話のようでちょっと気恥ずかしいが、まあそれなりの「効果」はあったようだ。今でも、妻はこのことをときどき話題にする。「効果」のあった証拠だ。

自分でいうのもおかしいが、相手の体のことを考えて出た言葉であり、かつ「食べたらどう?」というのでなく、命令口調の強さのある言葉だと今にして思う。ちっともロマンチックではないが、時代の背景を考えると、我ながら、なかなかうまい表現をしたものだ。

ただし、女房がこれを「ラブ・レター」として受けとっていたかどうかは保証の限りでないし、またそんなことを根掘り葉掘り聞いたりしては、ほのかな思い出がぶち壊しになる。

単に優しいだけでなく、男らしい力強さのある言葉は、時代の流れに関係なく、女性を喜ばせるものだと思う。それも、絵空事とか抽象的ではない、日常の生活に根ざした具体性のあるものがいい。

そこに、あなたの真心が感じられるような、そんな言葉を相手に贈ってみてはどうだろう。

あなたの印象を良くする別れぎわの一言

〝終わり良ければすべて良し〟という言葉もあるように、人との対面も別れぎわの印象が肝心だ。とくに初対面の相手に対しては、別れぎわに好印象を与えることができれば、感じの良い人だという印象を残せるものである。

それでは、どんな言葉で別れのあいさつをしたらよいか。無難なところでは、英語の直訳だが「本当にお目にかかれて楽しかったです」などというのがある。相手と初めて会って、楽しいひとときがすごせた、うれしかった、こうした自分の喜びや感謝の気持ちを表現する言葉だ。何がうれしかったのか、何が楽しかったのか、具体的にそのときの話題を盛りこんであいさつすれば、より効果的かもしれない。

「いや、今日は、めずらしい飛行機のお話をうかがえて、本当に楽しかったです。ありがとうございました」こんなあいさつをされると、飛行機マニアの私としては、たいへんうれしい。同時に、この人も飛行機好きなんだと、相手に対して明確な印象を抱くことにもなるのだ。

こうして自分を印象づけておけば、次回どこかで出会ったときも、〝ああ、あのとき、こんな話をした人だな〟という具合に、すぐ共通の話題に入っていくこともできるだろう。

私の親しい友人のご夫人は、相手に自分のことを覚えさせてしまうテクニックとして、別れぎわにこんなあいさつをするそうだ。

パーティ等で出会った相手で、最後まで顔と名前が一致しない人には、「またいつかお会いするかもしれませんが、齢のせいか、お顔とお名前をすぐ忘れてしまいますの。もし、私のことを覚えていてくださったら、どうぞお声をかけてくださいね」といってしまうという。

これで相手のほうが覚えてくれようとするし、また、次に会ったときに「初めまして」とやって失敗しても許されることになる。

それから、その後の関係を上手に続けていくためには、別れぎわにもう一度相手の名前等を確認して、最後に会ったのがいつかを記録に残しておくことも大切だろう。

また、相手に強い印象を残すなら、お礼なり、対面したときの感想なりを書いた手紙を出すのが効果的だ。

初対面の相手に自分のことをもう一度思い出させ、しっかりイメージづけさせる。ただし、手紙を出すなら、会ったすぐ後でなければ効果が薄いことを覚えておいてほしい。

私は人様から名刺をいただくことが多いが、もらったその日に、名刺に年月日を書くようにしている。

あとで必要になったときに、日記を見れば、ああ、あの日はどんな会話があって、どんなパーティがあって、ということが分かるから、その名刺の人のイメージが浮き上がってくるのだ。

女性に対してはファーザー・コンプレックスを利用しなさい

人間は誰しも劣等感を持っているものだ。そのウイークポイントをつくような言葉は、初対面の相手に対して絶対避けなければならない。とくに、男女間ではなおさらだ。

女性がいちばん気にするのは容姿のこと、男性が気にするのは社会生活や自分の能力のことである。

女性の能力をほめるつもりで「女だって顔より実力ですよ」といってしまったらおしまいだ。また、女性が、つい「少しぐらい能力がなくても優しい男の人がいい」などと口走ったら、男性はムッとくるに違いない。このふたつの話題は、十二分に注意して扱わないと、人をグサリと傷つける刃《やいば》となるのだ。

しかし、同時に、これを逆手にとって使えば、相手の心をつかむ最大の武器ともなりうる。

男性の場合は、相手の女性の顔やスタイルをほめる。女性の場合は、男性の実力や能力に感心する。こうしたかたちで話題を提供していけば、自分のいちばん気にしているポイントをほめられてうれしくない人はいないから、相手に対して好印象を抱くだろう。

ほめる場合は、一〇パーセント、二〇パーセントおまけをつけてほめていい。それで異性の心をしっかりと自分に向けてしまうのだ。

さて、異性の心をつかむもうひとつのテクニックを考えてみよう。初対面ではちょっと無理かもしれないが、相手の意識の奥底にある感情にふれる方法だから、成功率は高いと思う。

まず、女性に対しては、ファーザー・コンプレックスを利用することだ。女性というものは、多かれ少なかれ、理想の男性像を父親に求めるというファーザー・コンプレックスを持っている。したがって、相手の女性の父親を少しでも知っていた場合には、その父親を自分を通じて表現してみるのだ。座り方から歩き方までを真似たらいい。

最初はむずかしいかもしれないが、父親の特長を少しでも早く把握して、できるだけそれに近づけてみる。特長だけでなく、欠点もだ。

次に男性の場合だが、こちらは、逆にマザー・コンプレックスがある。とくに、一人っ子とか、兄弟が少ない男性ほどこの傾向が強い。

そこで、母親を知っているなら、女性は、母親的なイメージを演出する。気に入らない母親であっても、できるだけ真似をしてみるのだ。もちろん、間違っても母親を批判するようなことをいってはならない。それは、結婚して夫婦関係が固まってからの話だ。出会ったばかりで悪口をいったら、すべてぶち壊しになってしまう。

私は大分「キザな男」だという評判が立っていると思っているが（ヒガイ妄想かもしれぬ）、女性に会うと不思議なことに、「あれ、また若くなりましたね」という言葉が自然に出てしまう。何度もいわれた女性は、「そんなにお世辞いわれちゃ、もうわたし幼稚園ね」などと冗談めかして反撃してくるが、それでも彼女は内心いやな気持ちはしていまいと私は確信している。

私の小学校の同窓会はまだ続いている。女の「子」はもういいかげんなバアさん

（失礼！）だが、それでも私は相変わらず「やあ、また若くなったな」といっている。むろんからかいの気もいくらかあるが、私はやはり「キザな男」なのだろうか。

タマには「歯の浮くような」言葉を吐いてみよう

われわれ日本人は世界でも「恥ずかしがり屋」の民族として評判が立っている。いいたいこともはっきりいわず、じっと心に秘めておくことが美徳とされている。それが欧米人から日本人が誤解されるもとにもなっている。

「あいまいな笑い」もまた誤解のもとになる。イエス、ノーをはっきりいわずに、あいまいにしておくのが日本人の特性のひとつだといわれる。「マアマア」的なやり方である。

「以心伝心」というわれわれの得意とするやり方は、欧米人にはおそらく理解できないだろう。

「眼光紙背に徹する」もまた然りだ。

というわけで、わが国の男女が互いにはっきり自分たちの感情を相手に伝えるという点では、かなり欧米人とは異なっている。

欧米人にとって「アイ・ラブ・ユー」という言葉はまことに日常的なそれである。映画ひとつ見てもこの言葉は実に何回も出てくる。それもきわめて自然に出てくる。私の母が十年ほど前に、つまり七十歳の末頃に、ローマで、歯の抜けたジイさんから、You are very beautiful lady！といわれ、おまけにそのジイさんがどこまでもついてくるので、ホテルのドアへ脱兎のごとくとびこんで危うく「難を逃れた」ことがあったそうだ。

そういう歯の浮くような言葉を平気で吐くのがイタリアの男性だ。しかし、何もわが国の男性にそれを真似しろというわけではないが、時代も変わって来たのだし、われわれもタマには「歯の浮くような」言葉も吐いてみようではないか。

タマには女房の肩に手をおいて「お前を愛しているよ」の一言も悪くないではないか。「今日はキレイだな」も悪くない。

第6章

〝出会い〟から人間関係を深めるために

本当に信頼できる仲間をつくるために

「共通性」と「相手に警戒心のないこと」が二人を結ぶ力となる

二人の人間の仲をとりもつ最大の要点は、共通の話題、共通の趣味、共通の目標である。この共通性が二人の距離をグッと近づけるのだ。

さらに「もうひとつなにか」といわれれば「相手に対して警戒心のないこと」をあげよう。

私は相手がどんな職業、どんな地位の人か分からない時点でも「実は私も飛行機が好きでして……」とか「昔、学生時代、航空部にいましてネ」とかいわれるとどうもいささか軽薄かもしれないが、たちまち心を開いてしまう。

このように、共通の趣味、共通の目標というのが、人を近づけるにはいちばんいい。その相手と、いつまでもずっとつき合っていけるかどうかの判断は若干の時間がかかるが、少なくともそういう「共通性」が二人を結ぶ力となることは疑いのないところだ。

そんな仲間と一緒に旅するのは、実に楽しい。

私はある航空会社のモニターを仰せつかっている。年に一回ぐらい会社の営業の仕方や、機内でのサービスとか、カウンターのサービスなどについての意見を提出する。会社側はときどき、そういうモニターたちを、いろんな企画のフライトに招待してくれる。

モニターはみんな大の飛行機好きだから、とても楽しい。先日も、その会社にとっては初めて、アメリカ領土へのフライト許可が出て、グアムへの臨時便の第一便に乗せてもらった。

それぞれ職業はちがうが、趣味が同じなので、何の警戒心もなく、ハラを割って話ができる。ふだんの疲れが吹きとぶ思いがする。


夫婦で同じ趣味を持つのは危険?

夫婦でも、親子でも、共通の話題があるのは結構ではあるが、この場合はちょっと気をつけなければならない。

たとえばうちの女房が私と同じように飛行機好きで、飛行機を見て、あれはダグラス社の何型で、エンジンはロールスロイス、推力いくらとやり始めれば、私はいささかおもしろくないだろう。私にとってはライバルになってしまう。「よくも俺を追い越したな」と私は彼女を警戒する。

夫婦の場合は同じ趣味を追いかけるのではなく、相手の趣味を互いに理解するというのがいちばんいいようだ。

私が初めて女房をヨーロッパに連れて行ったのは二十年ほど前のことだ。

女性だから、シャンゼリゼで買物でもしたいのだろうが、私はそういうことに一切目もくれず、航空会社を回って、フライト・バッグばかり集めていた。シャンゼリゼに行ったのも、エールフランスやもろもろの航空会社を訪ねるのが主な目的だった。ローマでもベルリンでも同じだった。

「せっかくの旅に出て、何も買物もしないで航空会社ばかり回っている」と彼女はおかんむりだったが、それでもガマンして私の趣味を理解し、何とかつき合ってくれた。

ついこのあいだも、アメリカの精神衛生会議の終わったあと、カナダの東海岸のプリンス・エドワード島に行った。いろんな目的があったが、行ってみて私がエキサイトしたのは、カナダの対潜哨戒機の古いのが保存されているということを現地のガイドブックで発見したことだ。

どうしてもそれを見たくて、急遽予定を調整して、三時間をひねくりだした。レンタカーを借りようとしたが、夏休みの季節でとても混んでいて、大分待たされた。そして、時間までには必ず返してくれとキツくいわれた。

初めての土地なので、道はさっぱり分からない。女房は助手席に座って、道案内、地図を見ながら必死で探してくれた。ナビゲーターをちゃんとつとめてくれた。目的地に着いたら、カメラマン(?)になり、その古い飛行機と私の写真を撮ってくれて、私の趣味に同調してくれた。おかげで時間までに帰着できて、レンタカー会社にいやな顔をされずにすんだ。

しかし、女房が私より先にたって、これこれこういう飛行機を見に行きましょう、なんていい始めたら、多分私はいやになってやめるなどといい出すかもしれない。妨害はしない、同調してくれるという程度がいちばんいいのだ。決してライバルになってはいけない。

暖かい「ライバル意識」が絆を強める

ライバルというのは、それがあるからこそ進歩というものがあるわけだが、あくまでも家庭の〝外〟にあるべきだ。

私の飛行機仲間でライバルといえるのは四〜五人。阿川弘之、おおば比呂司、岡部冬彦、柳原良平などの面々で、みんな飛行機も、船も、汽車も要するに乗物が大好きだった。

ライバル同士だから、お互いに牽制しあっている。だから、今度どこに行って、何をするかということは決して明かさない。と同時に「お先にゴメンなさい」という気持ちも常に持っている。

阿川さんがかつて乗れなかった汽車に、カナダで乗った。私はこれから乗るというとき、駅から「いよいよこれから乗りますヨ」とハガキを出した。これは茶目っ気だから、それでケンカになることなどありはしない。

自分はこれからどうしようか、どこを調べようかと考えることが、大げさにいえば人生のエネルギーになる。他人が先に行って、いろいろ書いたところには行っても仕方がない。自分だけは新しいところを開拓しようとするところに意欲が生まれ、進歩がある。

ただし、他の人がすでに行ったところでも、その人のやった仕事をさらにひろげて、上乗せしてやろうとして出かけたこともある。むしろこのほうが苦労もあり、勉強もしなければならない。

先の四人の他に、日大の名誉教授だった木村秀政先生も私の大先輩であり、また強力なライバルだった。この方はヒコーキの専門家で、戦前、長距離飛行の世界記録をつくった東大航空研究所の「航研機」の設計に参加され、戦後は、国産旅客機YS11の設計をされた方だ。

世界各地の飛行機の記念碑を発見することを最大の趣味としておられる。その記念碑の本だけでもすでに三冊お出しになっている。

この分野では私はとてもかなうものではないが、二〜三カ所は木村先生に「返撃」を加えているところもある。

「いや、君はもう行ったか、しまったナ」とおっしゃりながら、私のあとに行っても、私の気づいたこと、調べたこと以上のことをちゃんと調べてしまう。学者というものはそういうものだ。

ついでだが、木村先生はヒコーキの切手の収集ではひょっとすると世界一かもしれない。私はとてもついていけないから、初めからあきらめている。

こういういい意味でのライバルは、人間関係を非常に密接にするし、すべてに進歩をもたらす。

こんなこともあった。

イギリスから四発の低騒音を売り物にしたジェット旅客機の売り込みが来た。そのデモ・フライトの招待状をもらったが、あいにく体調をこわしていて行けなかった。口惜し涙にくれていたら、その直後の航空雑誌に、岡部冬彦さんが、招待飛行の感想を書いていた。わざわざ、「この日は、残念ながら斎藤先生はご欠席で」なんて書いている。私を意識して、口惜しがらせようとしているにちがいない。ウヌー、だ。よし、次はどこかでカタキを討ってやろうとカクゴした。そういう子どもっぽいところを通じて、仲がさらに良くなっていく。

しかし、これがまた、いい刺激になる。次は自分が相手を口惜しがらせる側になってやろうと奮起する。いい人間関係が一層良好に保持される。

この、良い人間関係でのタブーは、金銭関係を持ちこむことだ。お金を貸し借りしたり、借金の保証人になったり。こういう依頼は、頼まれる側で良くないと分かっていても、断りきれないこともあるので、よけいむずかしい。金銭関係、利害関係を一切持ちこまないことが最良である。これが一大原則ではあるが、現実はなかなかむずかしい。

人間関係を大切にしようと思ったら、もし万一持ちこまれても、心を鬼にして断ることを、心がけたい。もちろん精神的な援助は十分にするが、金銭的な援助はしないほうがいいのだ。

長い目で見た〝いい関係〟というのは、お互いがその関係を大切にし、育てあげていく、そういう努力を怠ってはならない。

お互いを補い合えばうまくいく

「山あり谷あり」を乗り越えたからこそ

より良い人間関係を維持するという意味で、もっとも長くつき合うのはやはり夫婦だろう。

二十代から七十代、八十代まで、生活をともにするわけだから、百花繚乱の時期もあれば、寒風吹きすさぶときもある。人間の仲というものは、波風が立たず、台風も吹かず、豪雨も降らずという関係より、少しは「何か」があったほうがいい。山があり、谷があり、プラスもマイナスもいろいろなことがあって初めて、二人の仲は一層緊密なものになる。

私たち夫婦は、昭和十八年に結婚した。先頃、女房がある婦人雑誌に取材された。四十年以上にわたる結婚生活をどう思うか、どういう経過を経て今日まで歩んで来たかというテーマだったそうだ。

そのときに女房が、「狂乱怒濤の末に」といった。それがそのまま記事のタイトルとなった。

なるほど、私たち夫婦にぴったりなテーマだと思った。長い間には波風も起こったし、とても、〝平穏無事〟な夫婦生活とはいえないものだった。しかし、いろんなことを乗り越えてきたからこそ、本当の安らぎと平和があるのだと思う。

他人の夫婦の話になるが、親友、早稲田の心理学教授の相場均さんの夫婦も「おもろい」夫婦である。

彼がある日、いきなり「俺は家を出る」といって、家出してしまった。

奥さん（女優の高田敏江さん）が、渋谷のどこかまで探しに行ったら、ちゃんとそこにいたというから驚きだ。どうしてそこにいると分かったんですかとたずねると「そこに彼がいるだろうと思うところに行っただけ。そうしたらちゃんとそこにいた」のだそうである。

これこそ、本当の夫婦というものである。以心伝心というやつだ。

家出するほどだから、彼らの夫婦生活も決して平穏なものじゃなかった。嫁と姑の問題もあり、夫人もなかなか苦労していた。

嫁姑の問題は構造的なもので、本質的にもめるものだ。いや、もめるのが当たり前といったほうがいい。

嫁が姑に接するときは、やはり、うんと下手に出る以外にないだろう。

「何事もお母さまに教えていただきます」「これから母上の長い間の経験を生かした教育をして下さい」

と、いうふうに、うんと下手に出て姑の気持ちをくすぐる以外にないだろう。

嫁姑というのはしょせんライバルなのでもめて当たり前だ。やり方によってそのもめ方、を少しでも少なくできる人と、できない人があるといううちがいがあるだけだ。

このライバル構造は神代の時代から宇宙時代にいたるまでの永遠のテーマであろう。

そして、こうしたもろもろの問題があるからこそ夫婦の固い枠も生まれる。

美しい芝生は踏まれてできるということだ。もちろん対応に失敗すれば破綻がくることもある。これは仕方のないことだ。

現に、この狭い日本のなかでも、北の芝生と南の芝生は美しさがちがうようだ。芝生ばかりでなく、樹々の緑も、北のほうが緑の色も深くて美しい。沖縄あたりの芝生の色は北海道とはちがう。

気候条件が厳しいほど緑の色は深く美しい。寒さが美しさを造り出すのであろう。海外を見ても、南イタリアとかアフリカ、赤道近辺の南米などで、深い色の芝生にぶつかることはない。白茶けていることが多い。

寒さがあって美しいものをつくるのだから、夫婦の間も、平穏だけというのではダメだ。何か起こることによって、一層絆が強くなる。

人間関係のギスギスしたものを一挙に解決したのが戦争だったというケースもある。空襲、潰滅、みんなすっかり燃えつきたときに、ゴタゴタした問題も解決された。戦争という大きな流れがすべてを押し流してしまった。人間関係のドロドロしたものまでぜんぶだ。家族がエゴをすてて、目標をひとつにしぼらなければ生きていけなかったからだ。

二人の関係をいっそう円滑にするこの知恵

昔、女房を、今はなくなった銀座、土橋あたりの大衆的なキャバレーへ連れて行った。

その店のホステスが「あら、この方どなた？」などと聞く。

「この方はうちの病院の女医さん。名前をいおうか？」

「なんていうお名前?」

「ヤマガミ先生だ」

私としては、山の神というつもりのジョークだった。しかし、相手はそこまで分からない。

しばらくの間、ヤマガミ先生としてその店に通った。

夫婦の間には、こういうおふざけもときに必要だろう。

夫婦を仲良くさせるもうひとつの方策は、相手にスキを見せることである。

男同士でも完璧すぎる男は、相手に警戒心を持たせる。何から何まで完全無欠な男は恐い。とてもつき合いきれない。つき合うのに恐怖感が起こる。

夫婦関係も同じことだ。お互いにスキを見せる。自分のマイナス面をある程度あらわに見せてやることが必要だろう。

自分を「ひけらかす」ことは夫婦の間でも、決していい結果をもたらさない。とくにヒステリー性格の強い人は、絶対自分のマイナス面を出そうとしない。自分で気づいていてもそれをカバーして、少しでも自分をよく見せようとする。

これは決してうまくいかない。相手に警戒心を起こさせる。ハナモチならない奴だとヒンシュクを買うだけだ。

また、何でも知っていて、〝生き字引〟などといわれる人も要注意だ。それをそのまま相手にぶつけるとみんなオソレをなして逃げ出してしまう。

みんなが分からなくて困っているときに自分の知識や経験をひけらかして、それはこうだ、ああだと、あっさり解決したり辞書や文献などに書いていることを、たちどころにいったりすると、みんなから「敬遠のフォア・ボール」を食う。

そういうときはたとえ自分が知っていても、少しは我慢しなくてはならない。自分も、いくら考えても分からないと、他人に同調しなければならない。

あまり頭が良すぎて、気が利きすぎて、そのせいでみんながそばに寄りつかない人がいる。

しかし、やはり能あるタカは爪を隠すということを心得なければならない。会社が潰れるとか、誰かの身に危害が及ぶとかいう場合でない限り、あまり自分をひけらかさないほうがいい。

自分がいわなくてもいい、いわなくても大して実害がないときには、あまり積極的に発言しないほうがいい。

私たち夫婦のことにもどると、私はおっちょこちょいで、拙速だと思っている。しかるに女房は反対に慎重なタイプだ。私が速すぎ、女房が慎重で遅すぎるという相反するタイプだ。

忙しい私を見ているから「あなたの原稿は私が全部目を通します」っていうけれど、実際に女房にまかせると、いつできるかどうか分からない。

しかし、私にとっては、その遅くて慎重なことが、実にありがたい。私のマイナスを補ってくれるからだ。誤字、文体のあやしいところまで見つけ出してくれる。

女房の欠点も、いくらでも知っている。だからこっちは安心できる。手強くない。手強いと思ったら、やはり恐いだろうと思う。

だから、自分のマイナス面は、夫婦の間にどんどん出すことだ。だが、真面目すぎる雰囲気ではあまり効果がない。冗談めかして、ジョークをまじえてやらないと「反応」が起こる。

いつだったか女房からプレゼントをもらった。金属のカップであった。何か文字が彫ってある。よく見ると〝MOST PATIENT HUSBAND（もっともガマン強い夫）へ〟とあった。

第7章

人づき合いを長持ちさせるには

どんな人間とも一生つき合っていける知恵

愛情あふれる〝森繁流つき合い術〟

どんな人に出会ったときも、将来どういうふうに、二人の間係が発展するかはまったく分からない。初対面でもうそれきり一生会えない人かもしれないし、あるいは一生のおつき合いをする人かもしれない。

だからいちばん最初の出会いは大事にしなければならない。これからの人生で非常に大事な人になるかもしれないからだ。たとえ一回しか会うチャンスのない人でも、一生つき合ってもいいような人として接するべきだろう。

人間というのはバカにしつこい面もあって、最初つまずくと、いつまでもいつまでもそれを覚えている人がいる。初対面にはいっそう気をくばるべきだ。

これは森繁さんもいっていることだが、日本人というのは人とのつき合い方がヘタで、すぐに他人の欠点に目を向けやすい。しかし、どんないやな人にも長所はあるし、どんな好きな人にも欠点はある。

一度つき合い始めたら、どこまでも親しくつき合わなければいけないというルールはどこにもない。一緒に酒を飲まなければいけない、一緒にお茶を飲まなければならないということもないのだ。

いやな面にはあまり深入りしないで、長所の面でだけでつき合えばいい。すでに書いた相場さん夫妻にしても、お互いにいろいろな不幸にめぐり合ったりして、ブランクの時期もあった。私のいうことをきかなければつき合いもこれだけにしてやろうなどと考えた時期もあった。しかし、夫婦同士のつき合いは、結局ずっと続いた。

相場さんが亡くなったあとも夫人とのつき合いはずっと続いている。高田敏江さんの芝居は時間が許せば必ず見ている。

森繁さんがいうのは、芝居という共同作業をするとき、どんな相手でも、「あの人はこういう素晴らしいところがある」と自分でいえるだけの自信がなければ、一緒に組んでやって行くことはできないということだ。これが相手の長所を見つけ出して、長いつき合いを続けていく秘訣だと思う。

私はかつて、森繁さんとテレビ・ドラマに出たことがある。森繁さんが老画家で、

私が病院長で、キサマ、オレという親友の設定だ。私はそこでテレビ・ドラマという
ものの本質と、演劇の世界のもろもろを勉強させてもらった。
なかでも感心したのは、出演者一同の顔合わせの会合だった。ボス格の森繁さんが
出演者一同をグッとひきよせ、仲良く心を一にして、このドラマをいいものに仕立て
あげようとする心構えを植えつけさせるそのテクニックのうまさだった。
お固さはひとつもない。森繁さんの言動の中心はジョークと、人間への愛情だった。
それとなく人をほめ、自信を植えつけさせるのだ。
森繁さんのセリフはアドリブが多いことは皆が知っている。私との会話のなかでも
「この院長は患者をロクに診ないで、ヒコーキばかり見ている」などと、台本にない
セリフをしゃべった。おかげで私はきわめてリラックスして「名演技」をご披露する
ことができた。

人づき合いを成功させる三つのポイント

多くの人びとによって形づくられているグループを見ていると、初めからしまいま
で長くかかわっている人、いつのまにか参加して来る人、いつのまにか去って行く人、

いろいろの人がいることが分かる。とくに理由もなく、いつの間にか去って行く人を何人か見ていると、やはり何か共通点があるようだ。その人の性格とか考え方ではなくて、人づき合いの仕方に関する共通点である。

こうした共通点から、人づき合いのマナーとタブーとは何かを考えてみよう。

第一のポイントは、ある線でとどまって、必要以上に深入りしないこと。ある線まで行ったら、それ以上相手の内に足を踏み入れないことである。相手の家へ行っても応接間ぐらいはいいが、家人に案内されない限り寝室まで入ってはいけない、というのと同じ一線がある。

ショーペン・ハウエルの寓話からとった心理学の言葉に、「ヤマアラシ・コンプレックス」というのがある。

二匹のヤマアラシが、あまりに寒いので、お互いの体温で、互いの身体を暖めようと近づいていく。しかし近づきすぎて、その身体にはえているトゲで互いの肌を傷つけてしまう。

驚いて二匹はとびはなれる。そうするとまた寒さがしんしんとおそってくる。二匹はまた近づいていく。しかし近づきすぎるとまたトゲで肌を刺してしまう。

そういうことを繰り返しているうちに二匹のヤマアラシはお互いの皮膚も傷つけず、しかもお互いの肌も暖めることが可能な「適当な」距離を知ることができたという話である。

つまり、この寓話は、二匹の生物があまり深く相手のなかに入りこんでもいけない、しかし離れすぎると、互いのコミュニケーションがうまくいかない、二匹のつき合いには適正な距離があるということを教えている。

「つかず、離れず」という方式が、人間の交流の原則であることをいっているわけだ。

家族の実情を、根掘り葉掘り聞く人がいるが、それは絶対にいけないことだ。奥さんがどうだとか、子どもがどうだということは、先方がいい始めるのを待つべきであって、こちらから聞き出すべきことではない。誰でもいいたくないことのひとつやふたつは持っているものである。

第二のポイントは、相手のプライドを傷つけないこと。逆にいえば相手の自尊心を適当にくすぐること。

得意気に、どこかに行ったとか、何か新しい体験をしたとかいい始めたときには、決して、自分はもう知っているという態度を示してはならない。

「いやー、先を越されました」「やられましたね」と口惜しがることによって相手を立てることが大切だ。たとえ自分が先に体験していることでも、グッと我慢をすることだ。そうすれば相手はいい気持ちになること必定、いろんなことをトクトクとしゃべるようになる。

人を立てる、といっても「あなたは偉い」とか「さすが!」というような、直截的な言葉をつかう必要はない。「やられた」「くやしい」と一言いえば、相手を十分にいい気持ちにさせることができる。

第三のポイントは、人の弱点に不用意に触れないこと。

人は誰でもウィーク・ポイントを持っている。少しつき合えば、それが分かってくる。その弱点を配慮してあげることだ。

たとえば、嫌いな食べ物とか、食べるとアレルギーを起こすものがあるということも考える必要がある。

作家のHさんとはよく一緒に旅行をする仲だが、この人はソバと聞くだけで青くなる。そういうときは、自分が「今日の昼食はソバが食べたい」と思っても、ハッと気づいて、我慢して口に出さない。

三島由紀夫さんは、カニ・アレルギーだった。カニは絶対食べなかったし、自の前でカニというだけで気分が悪くなるほどだった。

そういうことを、一応ちゃんと心得ていれば、冗談で逆手につかうこともできる。相手をからかったり、みんなを笑わせようと思って、「ソバが食いたいな」などと、わざと乱暴にいってやる。一種のジョークだ。しかし、間違っても、真面目な顔をして「俺はどうしても、ソバを食う」といってはダメだ。

この場合、ジョークで流せるのは〝ソバ〟が共通の話題になり得るからである。その場のみんなが、彼のソバ嫌いを知りぬいているからである。こういうときに「ソバ杖を食う」などというジョークも悪くない。

心理的孤立感を解消させる「やさしさ」

人と人とのつき合いを長く保つのは、結局は、共通の話題だと思う。親子でも、兄弟でも、共通の話題があれば、断絶はない。

共通の話題を持つためにいちばんいいことは、共通の趣味を持つこと。ただし、前にも述べたように、夫婦の場合は要注意。趣味がこうじて、お互いにライバルになってしまうからだ。男同士のいい意味でのライバルならけっこうだが、夫婦の場合、本当の競争者になって、ギスギスしてしまう。相手の趣味に心からの理解を示すという程度が最良だろう。

人間にとって最大の辛さは、肉体的には疼痛、精神的には悲しみである。

その悲しみを分析すると、そのなかでもとくに辛いのは孤独、孤立感である。うつ状態の感情の中核をなすものは孤独感である。その一人ぼっちという感情が、うつ状態に往々にして自殺をもたらすこともある。

いずれにしても人間の心のなかには、必ず劣等意識、他人がよく見えるという心理、孤立感が存在する。したがって、その孤立感をうすめ、解消するという支持的働きかけが必要になる。

あなたはどこまで相手の気持ちになれるか？

相手に安心感を与えるための基礎は、今述べた精神的な「支持」とも関連してくるが、相手への「感情移入」である。これは相手の立場に立ってものを考えることだろう。

相手が悲しみに打ちひしがれているときは、こちらもそれを理解し、そのなかに「一応」身をひたす必要がある。「あなたの悲しみはよく分かります」「私もあなたの立場に立てば、同じような悲しみを味わうでしょう」などという言葉は、双方の連帯感を大いに高めるだろう。

平社員が社長の方針に不満だとしたら、一応は将来、自分が社長になったときに、いかなる対応をするかを考えてみることだ。

私は、親への不満感を強く持つ子どもたちには、「君も将来親になるのだよ」という一言を忘れない。

ただし、感情移入が長期間にわたって続くと逆効果になり、相手が悲しみなどから脱け出すことを妨げるおそれがある。感情移入もほどほどに適度にやらなければならない。

他人との対話には、抽象性と具体性の両者を備えたほうがいい。抽象論だけでは、相手はあきてしまって、乗ってこない。したがって、ところどころに具体的なケースやエピソードを入れなければならない。

診療に際して、患者というのは、薬剤の作用や副作用にきわめて敏感である。治療者側はそれに対して充分な説明をすべきであるが、あまり学問的な話をくどくどとしゃべっても、患者はなかなか納得しないものだ。

それよりも「私もその薬をのんでいる」とか「私も必要なときは、その薬を愛用している」という一言のほうがはるかに効果があるものだ。

自分も他人と同じ立場にあり、同じような物の考え方をし、同じように悩み……、といったいわば同族意識、同輩意識、仲間意識を持てば両者は接近する。

医師の「悩み」のひとつは、患者、とくに女性患者が医師のアドバイスよりも、近所のオカミさんや、友人の妻君連中のいうことのほうを重視するという事実だ。

初対面で相手の心を一瞬で！つかむ法

著　者　斎　藤　茂　太
発行者　真　船　美　保　子
発行所　ＫＫロングセラーズ
〒169-0075　東京都新宿区高田馬場2-1-2
電　話　03-3204-5161(代)
http://www.kklong.co.jp

印刷　暁印刷　　製本　難波製本

ISBN978-4-8454-5010-7

Printed in Japan 2017